www.ingramcontent.com/pod-product-compliance
Lightning Source LLC
LaVergne TN
LVHW010428070526
838199LV00066B/5968
9789358729726

یادوں کو ساتھ رہنے دو

(خاکے)

ندا فاضلی

© Taemeer Publications LLC

YaadoN ko sath rahne do *(Khaake)*

by: Nida Fazli

Edition: September '2024

Publisher :

Taemeer Publications LLC (Michigan, USA / Hyderabad, India)

ISBN 978-93-5872-972-6

مصنف یاناشر کی پیشگی اجازت کے بغیر اس کتاب کا کوئی بھی حصہ کسی بھی شکل میں بشمول ویب سائٹ پر
اَپ لوڈنگ کے لیے استعمال نہ کیا جائے۔ نیز اس کتاب پر کسی بھی قسم کے تنازع کو نمٹانے کا اختیار
صرف حیدرآباد (تلنگانہ) کی عدلیہ کو ہو گا۔

© تعمیر پبلی کیشنز

کتاب	:	**یادوں کو ساتھ رہنے دو** (خاکے)
مصنف	:	**ندا فاضلی**
صنف	:	خاکے
ناشر	:	تعمیر پبلی کیشنز (حیدرآباد، انڈیا)
سالِ اشاعت	:	۲۰۲۴ء
صفحات	:	۸۴
سرورق ڈیزائن	:	تعمیر ویب ڈیزائن

فہرست

پہلی بات	6
(۱) زندگی حسابوں سے جی نہیں جاتی	8
(۲) برباد کر دیتی ہے راہ میکدہ کی	12
(۳) اُتنا ہی سنگیت ہے جتنی تجھ میں آگ	18
(۴) یہاں بول کو نہیں ملتا مول	23
(۵) سنسار کے بازار میں سب ہیں بکاؤ	28
(۶) تماشے میں چہرے پرانے پڑ جاتے ہیں مگر۔۔۔	34
(۷) زبان کے فاصلے توڑتا وہ ادیب	40
(۸) زندگی کے ساتھ جھومتی گاتی ہے غزل	45
(۹) ہم جو کھو رہے ہیں	50
(۱۰) جوانی کی موج، آئی، اٹھی اور اُتر گئی	55
(۱۱) ہونے میں نہیں ہوتا ارادہ اپنا	60
(۱۲) نظر بھر کے دیکھو اصل زندگی کے رنگ	65
(۱۳) ویرانے میں ٹہلتی یادوں کی پرچھائیاں	70
(۱۴) جانے والوں کا انتظار نہیں کرتیں بستیاں	75
(۱۵) اب کہاں دوسروں کے غموں پر اداس ہونے والے	79

پہلی بات

ممبئی میں پیڈر روڈ میں صوفیہ کالج کے پاس ایک بلڈنگ ہے، نام ہے پُشپا وِلا. اس کے تیسرے فلور پر کئی کمروں کا ایک فلیٹ ہے۔ اس فلیٹ میں ایک کمرا پچھلے کئی سالوں سے بند ہے۔ ہر روز صبح صرف صفائی اور ایک بڑی سی مسکراتے ہوئے نوجوان کی تصویر کے آگے اگربتی جلانے کے لیے تھوڑی دیر کو کھلتا ہے اور پھر بند ہو جاتا ہے۔ یہ کمرا آج سے کئی برسوں پہلے کی ایک رات کو جیسا تھا آج بھی ویسا ہی ہے۔ ڈبل بیڈ پر آڑے ترچھے تکیے، سمٹی سکڑی چادر، ڈریسنگ میز پر رکھا چشمہ، ہینگر پر سوٹ، فرش پر پڑے جوتے، میز پر بکھری ریزگاری، انتظار کرتا نائٹ سوٹ، وقت کو ناپتے ناپتے نہ جانے کب کی بند گھڑی۔ ایسا لگتا ہے جیسے کوئی جلدی لوٹنے کے لیے ابھی ابھی باہر گیا ہے، جانے والا اس رات کے بعد اپنے کمرے کا راستہ بھول گیا لیکن اس کا کمرا، اس کی تصویر اور بکھری ہوئی چیزوں کے ساتھ، آج بھی اس کے انتظار میں ہے۔ اس کمرے میں رہنے والے کا نام وویک سنگھ تھا، اور موت کو زندہ رکھنے والے کا نام مشہور غزل سنگر جگجیت سنگھ ہے، جو وویک کے پتا ہیں۔ یہ کمرا انسان اور بھگوان کے درمیان متواتر لڑائی کی علامت ہے۔ بھگوان بنا کر مِٹا رہا ہے اور انسان مٹے ہوئے کو مسکراتی تصویر میں، اگربتی جلا کر مسلسل سانسیں جگا رہا ہے۔ موت اور زندگی کی اس لڑائی کا نام

تاریخ ہے۔ تاریخ دو طرح کی ہوتی ہے۔ ایک وہ جو راجاؤں اور بادشاہوں کے ہار جیت کے قصے دہراتی ہے اور دوسرا وہ جو اس آدمی کے دکھ درد کا ساتھ نبھاتی ہے، جو ہر دور میں سیاست کا ایندھن بنایا جاتا ہے اور جان بوجھ کر بھلایا جاتا ہے۔

تاریخ میں محل بھی ہیں، حاکم بھی تخت بھی
گم نام جو ہوئے ہیں وہ لشکر تلاش کر

میں نے ایسے ہی 'گم ناموں' کو نام اور چہرے دینے کی کوشش کی ہے۔ میں نے اپنے ماضی کو حال میں جیا ہے اور پُشپا وِلا کی تیسری منزل کے کمرے کی طرح عقیدت کی اگر بتیاں جلا کر 'تماشا مرے آگے' کو روشن کیا ہے۔ فرق صرف اتنا ہے وہاں ایک تصویر تھی اور میرے ساتھ بہت سی یادوں کے غم شامل ہیں۔ بیتے ہوئے کو پھر سے جینے میں بہت کچھ اپنا بھی دوسروں میں شریک ہو جاتا ہے۔ یہ بیتے ہوئے کو یاد کرنے والے کی مجبوری بھی ہے، وقت گزر کر ٹھہر جاتا ہے۔ اور اسے یاد کرنے والے لگاتار بدلتے جاتے ہیں، یہ بدلاؤ اسی وقت تھمتا ہے جب وہ خود دوسروں کی یاد بن جاتا ہے۔ انسان اور بھگوان کی جنگ میں میری حصہ داری اتنی ہی ہے۔

خدا کے ہاتھوں میں مت سونپ سارے کاموں کو
بدلتے وقت پر کچھ اپنا اختیار بھی رکھ

فلابیر نے اپنی مشہور ناول میڈم بواوری کی اشاعت کے بارے میں کہا تھا"...... کاش میرے پاس اتنا پیسہ ہوتا کہ ساری کتابیں خرید لیتا اور اسے پھر سے لکھتا"۔ وقت کی تنگی نہ ہوتی تو میں بھی ایسا ہی کرتا، میرا ایک شعر ہے:

کوشش کے باوجود یہ الزام رہ گیا
ہر کام میں ہمیشہ کوئی کام رہ گیا

ندا فاضلی

✪✪✪

زندگی حسابوں سے جی نہیں جاتی

ایک تھے فضل تابش، آج سے تیس چالیس سال پہلے کا بھوپال آج جیسا بھوپال نہیں تھا، جگہ جگہ شاعروں کی محفلیں سجاتا تھا، شعر سناتا تھا اور داد پاتا تھا۔ جوان، ادھیڑ اور بزرگ۔ وہ ایک ساتھ کئی چہروں میں نظر آتا تھا، کہیں کچے دالانوں میں گاؤتکیوں سے پیٹھ ٹکائے غزل کی تاریخ دہراتا تھا، کہیں ادھیڑ بن کر چھوٹے بڑے چائے خانوں میں غزل اور سیاست کے رشتوں پر نئی نئی بحثیں جگاتا تھا، اور کہیں نوجوانوں جیسی نئی شاعری سناتا تھا اور رات کو دیر تک پان کی گلوریاں چباتا تھا۔

فضل تابش اُس بھوپال کے نوجوان نمائندہ تھے، مُنھ میں ہونٹوں کو لال کرتا پان، اُنگلی پر چونے کا چٹکی بھر نشان، پٹھانی آن بان اور بات بات پر گونجتے قہقہوں کی اُڑان ان کی پہچان تھی۔ وہ ہنستے بہت تھے، اپنے ہم عمروں میں ان کے پاس سب سے زیادہ ہنسی کا خزانہ تھا، جسے وہ جی کھول کر خرچ کرتے تھے۔ کسی شناسا کی پریشانی یا کسی اجنبی کی حیرانی کے علاوہ ہر واقعہ یا موضوع ان کے لیے قہقہہ کا سبب تھا، ان دنوں ان کا قہقہہ تاج اور دُشینت کی غزل شعری بھوپالی کی شیروانی، کیف بھوپالی کے پھکڑ پن کی طرح بھوپال

میں مشہور تھا، فرق صرف اتنا تھا تاج، شعری، کیف اور ذہنیت بھوپال کے باہر بھی جانے جاتے تھے اور فضل کے قہقہے ابھی صرف تالابوں کے اردگرد ہی پہچانے جاتے تھے۔ لگاتار ہنسنے نے فضل کے چہرے کی شادابی میں اضافہ کیا تھا، ان کا ایک شعر ہے:

نہ کر شمار کہ ہر شے گنی نہیں جاتی
یہ زندگی ہے حسابوں سے جی نہیں جاتی

مرزا غالب نے بڑھاپے میں اپنی خوبصورتی کے حُسن کو یاد کیا تھا جس کے بارے میں سب نے ان کے خطوط کے مجموعہ میں پڑھا تھا، فضل تابش کو میں نے آنکھوں سے دیکھا تھا، ان کی شخصیت میں کابل کے سرخ سیبوں کی تازگی اور وہاں کے برف پوش پہاڑوں کی بلندی کی کشش تھی۔ شادی سے پہلے وہ بہت سوں کی آنکھوں کے سپنے تھے، لیکن شادی کے بعد صرف طاہرہ خاں کے اپنے تھے۔ طاہرہ خاں ان کی بیگم تھیں اس رشتہ پر ان کا ایک شعر ہے۔

پھر ہم نے ایک پیار کیا، پھر وہی ہوا،
وہ دلبر بھی طاہرہ خاں سے ہار گیا

بات بات پر گھڑی گھڑی ہنسنے والے فضل تابش ایک ناراض ذہن کے فن کار تھے، ان کی ناراضی سیاست سے تھی، مذہبی بھید بھاؤ کی لعنت سے تھی۔ انسان کے ہاتھوں انسان کی شہادت سے تھی۔ ان کی شاعری نیکی اور بدی کی لڑائی میں عملی ساجھے داری کی فن کاری تھی، وہ جدید ترقی پسند شاعر تھے، ان کا مجموعہ 'روشنی کس جگہ سے کالی ہے' ۱۹۴۴ء میں شایع ہوا تھا، ان کا ایک شعر جس کا ایک مصرع ان کے مجموعے کا نام ہے، ان کے شعری کردار کا بیان ہے۔

ریشہ ریشہ اُدھیڑ کر دیکھو
روشنی کس جگہ سے کالی ہے

فضل کا جنم ۱۵ راگست ۱۹۳۳ء میں ہوا، بھوپال کے ایک پرانے خاندان کے چراغ تھے،

گھر کا ماحول مذہبی تھا اور گھر کے باہر وہ کمیونسٹ تھے۔ ان دنوں بھوپال کے مقبول کمیونسٹ کامریڈ شاکر علی خاں تھے، وہ پانچوں وقت خدا کی بارگاہ میں سر جھکاتے تھے اور نمازوں کے بعد سماجی ناانصافی کے خلاف سُرخ پرچم اٹھاتے تھے، فضل تابش کے مزاج کا توازن بھی اسی علاقائی ماحول اور بھوپالی کمیونزم کی دین تھا۔ وہ مسلمان تھے لیکن ان کی مسلمانیت میں دوسرے مذاہب کی انسانیت کی بھی عزت شامل تھی۔

فضل تابش کے ساتھ شروع میں زندگی کا سلوک کچھ اچھا نہیں رہا، ابھی وہ ابتدائی تعلیم بھی پوری نہیں کر پائے تھے کہ اچانک سارا گھر بوجھ بن کر ان کے کاندھوں پر آگرا، گھر میں سب سے بڑا ہونے کی سزا انہوں نے تسلیم کی اور اپنی تعلیم روک کر ایک دفتر میں بابوگری کرنے لگے۔ متواتر پندرہ برس گھر کی ذمہ داریوں میں خرچ ہونے کے بعد جو تھوڑا بہت بچے تھے اس سے اردو میں ایم اے کیا اور حمیدیہ کالج میں لیکچرر ہوگئے۔ زندگی کی اس لمبی دوڑ دھوپ میں ادب بھی ساتھ ساتھ چلتا رہا، شاعری کے علاوہ انہوں نے کہانیاں بھی لکھیں، ڈرامے بھی لکھے، ناول بھی رچے اور منی کول اور کمار شہانی کی فلموں میں اداکاری بھی کی۔

ان کی آمدنی صرف اپنے لیے نہیں تھی، ان میں بہت سوں کی حصہ داری تھی، اس میں تاج بھوپالی کا نشہ بھی تھا، ایک دوست مقصود عرفان کی بیٹی کی تعلیم بھی تھی، رات میں یار دوستوں کی مہمان نوازی بھی تھی، پارٹی اور سماجی جلسوں کے لیے چندہ بھی تھا، ان کا گھر بھوپال کے اقبال میدان کے سامنے شیش محل کی اوپری منزل میں تھا، نوابی دور میں عمارت کئی پہبروں کی نگرانی میں تھی، جب سے فضل تابش کا مکان بنی، شہر بھر کے ادیبوں اور پارٹی ورکروں کی حکمرانی میں تھی۔ تالا کنجی سے آزاد یہ گھر سب کے لیے کھلا تھا۔ فضل گھر میں ہوں یا نہ ہوں، طاہرہ خاں ہوں یا نہ ہوں ان کے دوستوں میں کوئی بھی کسی بھی وقت اُس میں جا سکتا تھا، رسوئی میں کھانا کھا سکتا تھا، چائے بنا سکتا تھا، کھاپی کر آرام فرما سکتا تھا اور تر و تازہ ہو کر واپس جا سکتا تھا۔

سحر پھیلا رہی ہے اپنے بازو
مرا سایہ سمٹتا جا رہا ہے

فضل تابش، شعری، کیف، تاج، دُشینت کے بعد کی نئی نسل کے شاعر تھے، وہ بھوپال کی تہذیب، اس کی قدروں کا معیار تھے، یاروں کے یار تھے، محفل میں بڑے میخوار تھے، انہوں نے اپنی زندگی کا آخری قہقہہ اپنے گھر شیش محل کے ایک باہر والے کمرے میں اپنے دوستوں کی سنگت میں لگایا تھا، اس رات وہ اتنا ہنسے کہ دوسرے دن کے لیے ان کے پاس ہنسنے کو کوئی قہقہہ نہیں بچا تھا، اس لیے وہ ہمیشہ کے لیے خاموش ہو گئے۔

سنو ہم درختوں سے پھل توڑنے کے لیے
ان کے لیے ماتمی دھن بجاتے نہیں
سنو پیار کے قہقہوں والے معصوم لمحوں میں ہم
آنسوؤں کے دیوں کو جلاتے نہیں

فضل کے ساتھ وہ بھوپال ہمیشہ کے لیے رخصت ہو گیا جو خاص تہذیب سے جانا جاتا تھا اور اپنی شاعری، تالاب شیروانیوں اور پان کی دوکانوں سے پہچانا جاتا تھا۔

✪✪✪

برباد کر دیتی ہے راہ میکدہ کی

اسد بھوپالی کا نام تو بہت سُنا تھا، مگر ممبئی میں آنے کے بعد، ان سے پہلی ملاقات ایک محفل میں ہوئی۔ باندرہ کے لنکنگ روڈ پر ایک پان کی دکان پر ایسی محفلیں ہر شام، ہر روز جُڑتی تھیں، ان میں شریک ہونے والے زیادہ تر شاعر ہوتے تھے، جو دن بھر میوزک ڈائرکٹروں کے گھروں کے چکّر کاٹتے تھے، اور شام ہوتے ہی یہاں آکر ایک دوسرے سے غم بانٹتے تھے، ان میں وہ بھی تھے، جو گیت کار بننے کے لیے اسٹرگل کر رہے تھے، اور وہ بھی جو گیت کار بن کر بے کاری کے دور سے گزر رہے تھے۔

کچھ سال پہلے لنکنگ روڈ پر موجود ٹیلی فون ایکسچینج کے سامنے ایک ایرانی ہوٹل تھا، نام تھا فیرڈیل، اس کا مالک چہرے مہرے سے ایرانی اور بول چال سے ہندستانی تھا، ہوٹل کے سامنے ایک چبوترا تھا، اس کے بائیں کونے میں بڑے نام جھام کی شمبھو مہاراج کی پان کی دکان تھی، شمبھو لکھنؤ کے قریب، مُغنیہ بیگم اختر کے فیض آباد کے تھے، اس وقت یہ علاقہ انہیں کے نام سے جانا جاتا تھا۔ بی جے پی کے ہاتھوں بابری مسجد کے گرائے جانے میں ابھی کئی سالوں کی دیر تھی، اب فیض آباد کو بیگم اختر کی غزلوں سے کم پہچانا

جاتا تھا ہے اور شور کرتے ترشولوں سے زیادہ جانا جاتا ہے۔ شمبھو کو ممبئی آئے کئی برس ہو گئے تھے لیکن ان کے پہناوے، ادب آداب، زبان کے لوچ، گلوریوں کی بناوٹ اور دکان کی سجاوٹ میں اودھ کی ملی جلی تہذیب جھانکتی نظر آتی۔ وہ شاعری کے رسیا تھے لیکن ان کی پسند کی شاعری وہی تھی جو مشاعروں کے اسٹیج سے پڑھی جاتی ہے اور قوالیوں میں سُنی جاتی ہے۔

شعر سُنانے کے ساتھ ان کا ایک اور بھی شوق تھا، وہ ہر شام کسی شعر کا ایک مصرعہ سوچ کر آتے تھے، اس ایک مصرعہ پر وہ خود بھی دوسرا مصرعہ چڑھاتے اور دوسروں سے بھی مصرع لگواتے تھے، جب تک اس مصرعہ پر دوسرا مصرعہ چست نہیں ہوتا تھا، وہ مسلسل شاعروں سے کسرت کرواتے تھے، ایک شام کا مصرعہ تھا

زمانہ بڑے چین سے سو رہا ہے

ایک صاحب نے مشق کا کمال دکھایا اور مصرعہ لگایا،

زمانہ بڑے چین سے سو رہا ہے
جو ہوتا تھا پہلے وہی ہو رہا ہے

دوسرے نے یوں گرہ لگائی،

زمانہ بڑے چین سے سو رہا ہے
جو تنہا ہے، بے گھر ہے وہ رو رہا ہے

مصرعہ پر مصرعہ لگ رہا تھا، ہر اسٹرگر اپنے تجربے کو بیان کر رہا تھا، مگر شمبھو کو پسند نہیں آرہا تھا، اتنے میں سب سے الگ کھڑے ایک بزرگ کے پان بھرے مُنھ سے آواز آئی،

زمانہ بڑے چین سے سو رہا ہے
تری ماں کو۔۔ یہ کیا ہو رہا ہے

مصرعہ فحش تھا مگر شمبھو جو پہلے نفی میں گردن ہلا رہا تھا اب پسند کا قہقہہ لگا رہا تھا، وہ کہہ

رہا تھا، واہ حضور جیسا مصرعہ شاعرانہ ویسی ہی گرہ استادانہ، یہیں پر بات ختم ہو جاتی ہے اور سب کے لیے چائے کا انتظام کیا جاتا ہے، روز کی طرح اس محفل کے آخری جملے شمبھو مہاراج کے ہوتے تھے اور بعد میں چائے اور پان اُنہیں کی طرف سے ہوتا تھا، بمبئی باندرہ کے ایک کونے میں بساوہ گنگا جمنی تہذیب کا فیض آباد کئی برس ہوئے چتابن کر جل چکا۔ چبوترا اور ہوٹل کی جگہ اب جوتوں کی بڑی دکان میں بدل چکی ہے مگر اس کی یاد اور شمبھو کا قہقہہ آج بھی ذہن میں محفوظ ہے، اس رات والے مصرعہ کے شاعر کا نام اسد بھوپالی تھا، اسد صاحب رہتے کہیں اور تھے لیکن شام ہوتے ہی وہ باندرہ میں الگ الگ ٹھکانوں پر نظر آتے تھے۔ ململ کا کلف دار کُرتا پہنے، ہاتھ میں چاندی کی ڈبیا اور ڈوری دار بھوپالی بٹوے کے ساتھ، جاں نثار اختر کی طرح وہ بھی وقت کو ہاتھ گھڑی سے نہیں باندھتے تھے لیکن اسے اس طرح کاتتے تھے کہ تین ٹھکانوں پر ایک مقررہ وقت پر نظر آتے تھے۔ ان کا پہلا پڑاؤ باندرہ اسٹیشن کے قریب لکی ہوٹل کے کارنر پر ایک عطر کی دکان پر ہوتا تھا، یہاں پہلے عطر کی کاڑی لیتے تھے پھر سڑک کنارے اسٹول پر بیٹھ کر گیتوں کے مکھڑے سوچتے، شام کی دوسری منزل شمبھو مہاراج کی محفل ہوتی۔ اس کے بعد کھار کی ایک تنگ گلی میں دیسی شراب کے اُڈّے میں داخل ہوتے تھے۔ عدم کا شعر ہے:

میں میکدے کی راہ سے ہوکر گزر گیا
ورنہ سفر حیات کا کافی طویل تھا

بمبئی میں کئی کچے پکّے عشقوں کے ساتھ اسد صاحب کی شراب نوشی بھی کافی مشہور تھی، ان کی یہ شراب اکثر میوزک ڈائرکٹر کے کمروں میں بھی ان کے ساتھ جاتی تھی۔ کھار میں شراب کے غیر قانونی اڈے کا مالک کالے رنگ کا لمبا چوڑا گوا کا عیسائی تھا۔ پہلے وہ پولس کا سپاہی بن کر مجرموں سے لوگوں کی حفاظت کرتا تھا۔ اب غیر قانونی شراب پلا کر پینے والوں کی خدمت کرتا ہے، اس اڈے میں اسد صاحب کی وجہ سے اچھا خاصا

مجمع لگتا تھا۔ اسد صاحب اپنی عمر اور کئی مشہور گیتوں کے سبب یہاں آنے والے اسٹرگلروں کے لیے کشش رکھتے تھے، وہ وہاں ان کے گیت بھی سنتے اور ان کی نوک پلک بھی درست کرتے تھے، اڈے کے مالک نے اسد صاحب کی میز پر روز کے شور کو سن کر ایک کاغذ پر 'قوالی از ناٹ الاوڈ ہیر' لکھ کر دیوار پر لکھ کر لگا دیا تھا۔ لیکن اسد صاحب کی صدارت میں ان کے مرید اس قانون کو روز توڑ دیتے تھے۔ اسد صاحب کے شعر ہیں:

جہاں بھی دل نے کوئی ہم سفر تلاش کیا
جو مجھ کو زہر دے وہ چارہ گر تلاش کیا
تمام عمر کہیں چین سے نہ بیٹھ سکے
تمام عمر ترا سنگِ در تلاش کیا

اسد صاحب چین نہ ملنے کی شکایت تو کرتے ہیں مگر اپنی طرز زندگی کا تجزیہ نہیں کرتے تھے۔ شکیپئر کے کرداروں کے المیہ انجام کی طرح اسد صاحب کی حالت بھی ان کی اپنی کمزوریوں کی دین تھی، ان کا جنم ۱۰ر جولائی ۱۹۲۱ء میں ہوا۔ ادبی شوق کی شروعات کالج میں بیت بازی کے ان مقابلوں سے ہوئی جس میں وہ حصہ لیتے تھے۔ آواز میٹھی تھی، وہ ان مقابلوں میں دوسروں کے شعر ترنم سے سناتے اور ہر بار ٹرافی جیت کر لاتے تھے، بعد میں ان کی میٹھی آواز نے انہیں مشاعروں کا کامیاب شاعر بنا دیا۔ چوڑی دار پاجامہ اور پان کی ڈبیا کے ڈھکن سے بنائی ہوئی کرتوں کی آستینوں کی چُنٹیوں کے ساتھ جب وہ مائیک کے سامنے کلام سناتے تھے تو سامعین مست ہو جاتے تھے۔ بھوپال میں اسد، شعری اور کیف کے بعد وہ ان شاعروں میں تھے جو میٹھے گلے سے غزل کو سنوارتے تھے اور مشاعروں کے ماحول کو نکھارتے تھے، فلم انڈسٹری کے بند دروازوں کو بھی انہوں نے اسی آواز سے کھولا تھا۔

لکشمی کانت پیارے لال کی دُھن میں 'ہنستا ہوا نورانی چہرہ' سے آخری گیت کبوتر جا جا، تک اسد بھوپالی نے عمر کے تقریباً چالیس سال کھپائے تھے، اور فلموں میں گیت

کاری کے جادو جگائے تھے۔ ان کی پہلی فلم 'دنیا' تھی، جو فضل برادران بنا رہے تھے۔ اس فلم کے دو گانے لکھ کر اس فلم کے گیت کار اور سریلی بانسری کے شاعر آرزو لکھنوی پاکستان چلے گئے تھے، ان کے بعد فضل کو نئے گیت کار کی تلاش تھی، نئے گیت کار کے انتخاب کے لیے بھوپال ٹاکیز کے مالک اور اس زمانے کے فلم ڈسٹی بیوٹر شکم چند کاپڑا نے ایک مشاعرہ کا اہتمام کیا اور یہ شرط رکھی کہ جو اس میں سب سے زیادہ کامیاب ہوگا وہ 'دنیا' کے باقی گیت لکھے گا۔ مشاعرہ ہوا اور بیت بازی کے مقابلے کی طرح اس بار بھی کامیابی اسد صاحب کے ہاتھ آئی۔ ان کی غزل اور مترنم ادائیگی کو سامعین نے پسند کیا اور فلم ساز نے اُن سے معاہدہ کرلیا۔ بمبئی نے انہیں شہرت بھی دی اور مصیبت بھی۔ انہیں شہرت ملی اچھے گیتوں کے سبب اور مصیبت شراب سے ان کی دن بہ دن بڑھتی چاہت کی وجہ سے۔انہوں نے خوب کمایا، لیکن اس کمائی کا بڑا حصّہ شراب و شباب پر لٹایا۔ انہیں کا شعر ہے:

کبھی دیکھتے مجھے بھی یہ ادائے مہربانی
تری اک نظر کے صدقے مری ساری زندگانی

اور واقعی انہوں نے اپنے کیریر کو اپنی عادتوں کی بھینٹ چڑھادیا۔ انہوں نے بمبئی میں نہ اپنا گھر بنایا اور نہ دو بیویوں کے بچوں کو اچھی طرح پڑھایا لکھایا، ان کی انہیں عادتوں کی وجہ سے میوزک ڈائرکٹر ان سے کترانے لگے تھے، بعد میں ایسا بھی زمانہ آیا جب وہ بھی این دتا کی طرح دوسروں کے سامنے ہاتھ پھیلانے لگے تھے۔ ان کے بارے میں انہیں کے ایک دوست عزیز اختر نے لکھا ہے، فلمی دنیا نے جہاں انہیں بلند مقام عطا کیا وہیں شراب و شباب ان کی زندگی کے ناسور بن گئے۔ انہوں نے ان کے لیے کبھی کوئی مرہم تلاش نہیں کیا۔ زندگی کی طرح اسد کی شاعری بھی بکھری بکھری رہی۔ اُن کی زندگی میں ان کا کوئی مجموعہ شایع نہیں ہوسکا۔ اسد بیمار ہوگئے تو صحت درست کرنے کے لیے وہ بمبئی سے بھوپال گئے تھے۔ وہ اپنے گیت 'کبوتر جاجا...' کی کامیابی

کے ساتھ پھر سے میوزک ڈائرکٹروں کی نظروں میں آنے لگے تھے، لیکن وقت نے اس بار ان کا ساتھ نہیں دیا۔ ۹ رجون ۱۹۹۰ء کی شام ان کی کامیابیوں اور ناکامیوں والی زندگی کی آخری شام تھی:

اسد کو تم نہیں پہچانتے تعجب ہے
اُسے تو شہر کا ہر شخص جانتا ہوگا

✪✪✪

اُتنا ہی سنگیت ہے جتنی تجھ میں آگ

آر ڈی برمن اب ہندستانی فلمی سنگیت کی تاریخ ہیں، جب وہ تاریخ رَچ رہے تھے، اس وقت کی چند گواہیوں میں ایک میں بھی ہوں وہ مشہور سنگیت کار ایس ڈی برمن کے اکلوتے وارث تھے، اپنی اس وراثت کو انہوں نے صرف اپنایا ہی نہیں اس میں اپنی ذہانت کا رنگ بھی ملایا، اور دیسی سنگیت میں بدیسی سنگیت کو اس طرح کھپایا کہ جب ان کا نام سامنے آیا اس نے پورے دیش میں اپنی شہرت ڈنکا بجایا۔ '۱۹۴۲: اے لو اسٹوری' ان کی آخری فلم تھی، جو ان کے اچانک انتقال کے بعد ۱۹۹۴ء میں ریلیز ہوئی، اس فلم کے سنگیت اور اس میں شامل خاص طور سے ایک گیت 'ایک لڑکی کو دیکھا تو ایسا لگا' نے ان سارے فلم سازوں اور ہدایت کاروں کو چونکایا بھی اور ان میں مجرمانہ احساس بھی جگایا، جو ۱۹۸۰ء کے دوران باکس آفس پر ان کی ناکام فلموں کو دیکھ کر نہ صرف ان سے کنارہ کرنے لگے تھے، ان کے سنگیت کو بھی وقت کے بدلتے پس منظر میں ناکارہ سمجھنے لگے تھے۔

فلم انڈسٹری میں کام سے زیادہ نام کام آتا ہے اور نام فلموں کی کامیابی یا ناکامی

کے مطابق کبھی دھندلاتا ہے کبھی جگمگاتا ہے۔ فلم جب کامیاب ہوتی ہے تو اس کا سنگیت بھی لاجواب ہوتا ہے اور فلم نہیں چلتی تو اچھا سنگیت بھی خراب ہونے لگتا ہے۔ یہ حقیقت ہے، ناکام فلموں کے دور میں بھی 'ساگر' (۱۹۹۵ء) اور 'اجازت'' (۱۹۸۷ء) میں آرڈی کا سنگیت ان کی پہلی فلموں سے کسی زاویے سے کم نہیں تھا، لیکن بازار کی جانچ پرکھ کا اپنا معیار ہوتا ہے، جس کی دکان جب تک چلتی ہے تب تک ہی وہ کھرا دکاندار ہوتا ہے۔

آرڈی کے ٹھپ ہونے کی وجہ بھی یہی دکان داری کا کلچر تھا، ان کا سنگیت تو پہلے جیسا ہی تھا، لیکن بازار ویسا نہیں تھا، فلموں کی مسلسل ناکامیوں نے آرڈی کے ناستک مزاج میں بھی تھوڑی سی تبدیلی کر دی تھی، وہ مندر میں گھنٹی بجا کر پنجاری سے ماتھے پر تلک بھی لگوانے لگے تھے اور جمعرات کو ماہم کی درگاہ کے لیے پھولوں کی چادر بھی بھجوانے لگے تھے، لیکن ان کٹھن دنوں میں مندر کی مورتوں نے ان کا ساتھ نبھایا، نہ درگاہ کے بزرگ نے مدد کو ہاتھ بڑھایا، غیر منقسم پنجاب کے مشہور شاعر پنڈت ہری چند اختر کا ایک شعر ہے:

خدا تو خیر مسلماں تھا اس کا کیا شکوہ
مرے لیے مرے پرماتما نے کچھ نہ کیا

اس وقت خدا اور پرماتما دونوں اپنے اپنے کاموں میں مصروف رہے، کوئی ان میں بھپی لہری کے ڈسکو فیشن کو کامیاب بناتا رہا، کوئی لکشمی کانت پیارے لال کے نام کو چمکاتا رہا، خاموشی کا یہ لمبا پریڈ بولتے ہوئے پنچم دا کے لیے بھاری پڑا۔ ان کی ہیلتھ جو رات کو دیر دیر تک محفلیں سجاتی تھی، دوستوں کے ساتھ رمی میں وقت بتاتی تھی، جام پہ جام چھلکاتی تھی، آہستہ آہستہ بجھنے لگی۔ آرڈی کی زندگی میں ۸۰۔۱۹۶۰ء کا پیریڈ ان کے سنگیت کی نئی اونچائیوں کا پیریڈ تھا، اس دور میں ان کی دھنوں کے نئے ساونڈ اور آرکسٹرا نے گیت پریمیوں کو متاثر کیا اور اسی عرصہ میں او پی نیّر سے خفا ہو کر آشا بھونسلے (آشا جی نے پہلے پتی کا سرنیم ہمیشہ اپنے نام میں جوڑے رکھا) ان کے قریب ہوئیں۔

یہ قربت بعد میں شادی میں تبدیل ہوگئی۔ پنچم کی پہلی پتنی بنگالی تھیں لیکن وہ رشتہ زیادہ دور نہیں چل سکا۔ آشا جی کے ساتھ ان کا تعلق پنچم کے سنگیت کی ضرورت بھی تھی اور جوان تنہائی کو بہکانے کی حقیقت بھی۔

آر ڈی نے اپنے کیریر کی شروعات اپنے والد کے معاون کے روپ میں کی، استاد علی اکبر خاں سے سنگیت کی ٹریننگ لے کر پہلے انہوں نے اپنے والد ایس ڈی برمن کو اسسٹ کیا۔ اے میری ٹوپی پلٹ کے (فنٹوش) اور سر جو ترا چکرائے (پیاسا) اپنے والد کے ساتھ آر ڈی کی کمپوز کی ہوئی دُھنیں تھیں، ممتاز مزاحیہ اداکار محمود کو ان کا خیال آیا اور انہوں نے اپنی فلم 'چھوٹے نواب' میں انہیں پہلا بریک دیا۔ اس میں لتا منگیشکر کی آواز میں 'گھر آجا گھر آئے' کو بہت پسند کیا گیا۔ محمود سے جب پوچھا گیا کہ آپ نے ایک 'ماؤتھ آرگن بجانے والے' کو کیوں چانس دیا تو انہوں نے روتی ہوئی صورت بنا کر کہا'' کیسے چانس نہیں دیتا، اس نے میری مہنگی مرسڈیز کو اپنی انگلیوں سے ڈرم بجا بجا کر اتنا خراب کر دیا تھا کہ اس کی مرمت کے لیے مجھے گاڑی کو گیرج بھیجنا پڑا، اگر چانس نہیں دیتا تو گاڑی ایسی ہو جاتی کہ سیدھے کباڑ خانے بھیجی جاتی، میں نے بچایا زیادہ ہے خرچ کم کیا ہے۔'' داغ دہلوی شاید ایسی ہی کسی صورتحال سے گزرے ہوں گے جب انہوں نے کہا تھا:

ہاتھ اپنے دونوں نکلے کام کے
دل کو تھاما اس کا دامن تھام کے

محمود اور آر ڈی میں اچھی دوستی تھی، چھوٹے نواب کے بعد محمود نے ''بھوت بنگلہ'' (۱۹۶۵ء) میں بھی آر ڈی کو سائن کیا۔ اس فلم میں گانا 'آؤ ٹوئسٹ کریں' بہت مقبول ہوا تھا۔ اس فلم میں پہلی بار انہوں نے محمود کے ساتھ اپنی اداکاری کا بھی ثبوت دیا تھا لیکن بعد میں سنگیت تک اپنے آپ کو محدود کر لیا، ان کے اس فیصلہ سے فلم اور سنگیت دونوں کا فایدہ ہوا، رابرٹ فراسٹ کے مصرعے ہیں: دو راستے ساتھ ساتھ چل

رہے تھے، میں نے ایک کا انتخاب کیا اور اسی سے ساری زندگی بدل گئی'۔ آرڈی ایکٹنگ کے لیے نہیں سنگیت کے لیے بنے تھے۔ اچھا ہوا انہوں نے سقراط کا مشورہ 'اپنے آپ کو پہچانو' کو وقت پر تسلیم کرلیا۔ اگر ایسا نہیں ہوتا تو انڈسٹری، کٹی پتنگ پیار کا موسم، امر پریم، پڑوسن وغیرہ فلموں کے سنگیت سے محروم رہ جاتی اور یہ بڑا نقصان ہوتا۔

آرڈی برمن سے میری جان پہچان سیم شکو جیٹھوانی نے کرائی تھی، وہ بدیس کے بڑے بزنس مین تھے، انہوں نے ایک ساتھ چار فلمیں اناونس کی تھیں، ان میں سے دو 'ہرجائی' اور 'واپسی' میں آر ڈی برمن کا میوزک تھا۔ 'ہرجائی' کے ڈائرکٹر رمیش بہل، ہیروئن ٹینا منیم اور ہیرو رندھیر کپور تھے، اس فلم میں فلمساز جیٹھوانی نے میرا نام دیا تھا، مگر ڈائرکٹر مجروح سے گیت لکھوانا چاہتے تھے، میں اس بیچ آرڈی کے مکان پر ان سے ملنے گیا اور کہا ''میں بمبئی میں بہت عرصہ سے ہوں اور ابھی تک بے گھر ہوں اگر یہ فلم مجھے مل جائے تو تھوڑا سہارا ملے گا' آرڈی نے کہا گھبراؤ نہیں، ہرجائی تم ہی لکھوگے''۔ پھر پوچھا ''کہاں رہتے ہو؟'' میں نے ایک ہوسٹل کا نام لیا۔ انہوں نے اپنے ڈرائیور کو بلا کر مجھے چھوڑنے کو کہا۔ ڈرائیور نے جب مجھے چھوڑا تو اسنے مجھے ایک لفافہ بھی دیا، اس میں ایک ہزار کے نوٹ تھے۔ میرا ایک دوہا ہے:

اک پلڑے میں پیار رکھ دوجے میں سنسار
تولے سے ہی جانئے کس میں کتنا بھار

اس فلم کا ایک گیت 'تیرے لیے پلکوں کی جھالر بُنوں' کافی مشہور ہوا تھا، آج بھی یہ لتاجی کے دس پسندیدہ گیتوں میں ایک ہے۔ 'ہرجائی' کے بعد میں نے پنچم کے ساتھ کئی فلمیں لکھیں، ان میں ایک راج کپور کے بینر کی 'بیوی او بیوی' تھی۔ اس کے لیے آرڈی نے ہی میرا نام دیا تھا۔ 'بیوی او بیوی' کے پہلے گیت کی فائنل ریہرسل چل رہی تھی، جو دوسرے دن ریکارڈ ہونا تھا، ریہرسل کے بیچ میں بھیل پوری کھاتے ہوئے راج کپور صاحب بھی آگئے۔ انہوں نے گانا سُنا، پسند بھی کیا پھر مجھے اشارے سے اپنے پاس

بُلا کر پوچھا ''گیت میں کیا لکھنا ہے اس کے بارے میں آپ کو کس نے بتایا؟'' میں نے رندھیر کپور کی طرف اشارہ کیا۔ انہوں نے کہا یہ تو ٹھیک ہے، لیکن میں بھی اس بارے میں کچھ بتانا چاہتا ہوں۔ آپ کو ٹائم ہو تو کل چمبور کاٹج میں آئیں، آر ڈی نے مجھ سے الگ سے کہا ''یہ گانا تو گیا، دُھن تجھے یاد ہے اگر کل سویرے تُو چمبور پہنچ کر جیسا وہ چاہتے ہیں ویسا وہیں لکھ دے گا تو گیت کل ریکارڈ ہوگا نہیں تو.....''

میں سویرے راج کپور صاحب کے پاس پہنچ گیا۔ انہوں نے مجھے دیکھتے ہی انگریزی میں تین لائنیں بولیں

There is a girl,
There was a boy,
that is the whole life.

'ایک لڑکی ہوتی ہے ایک لڑکا ہوتا ہے دونوں میں پیار ہو جاتا ہے' میں نے انہیں کے الفاظ کو بیٹھ کر دُھن میں پرو دیا۔ صدیوں سے دنیا میں یہی تو قصہ ہے ایک ہی تو لڑکی ہے ایک ہی تو لڑکا ہے جب بھی یہ مل گئے، پیار ہو گیا...

راج کپور کو بول پسند آئے اور دوسرے دن گانا ریکارڈ ہو گیا۔ آر ڈی صرف سنگیت کار ہی نہیں بہت اچھے انسان بھی تھے، ان کی آواز میں 'محبوبہ محبوبہ' گانا بھی ان کی یاد دلاتا ہے۔

سا سے سا تک سات سُر سات سُروں میں راگ
اتنا ہی سنگیت ہے جتنی تجھ میں آگ

✪✪✪

یہاں بول کو نہیں ملتا مول

یہ بھی عجیب اتفاق ہے، شہر یا گاؤں میں جہاں بھی قبرستان ہوتا ہے اس کے اردگرد یا آس پاس ہی شمسان ہوتا ہے۔ سیاست بھید بھاؤ پھیلاتی ہے اور مٹی اسے مٹاتی ہے۔ ہزاروں سال سے سیاست اور قدرت کی یہ جنگ جاری ہے اور شاید آئندہ بھی جاری رہے گی۔ ممبئی میں سانتا کروز کے شاستری نگر میں قبرستان ہے، اس کی اگلی گلی میں شمسان ہے، ایک طرف ساحر لدھیانوی، جاں نثار اختر اور راہی معصوم رضا دفنائے گئے دوسری طرف کرشن چندر، راجندر سنگھ بیدی اور چیتن آنند جلائے گئے۔ مٹی جب تک چلتی پھرتی ہے الگ الگ ناموں سے جانی جاتی ہے، جب تھک کر واپس مٹی بن جاتی ہے تو ایک ہی نام سے پہچانی جاتی ہے۔۔ مٹی۔۔ ہرونش رائے بچن نے مدھوشالا میں دھرم ذات کی سیاست پر بہت تیکھا طنز کیا ہے،

مسلمان اور ہندو ہیں دو ایک مگر ان کا پیالہ
ایک مگر ان کا مدرالیہ، ایک مگر ان کا ہالہ
دونوں رہتے ایک، نہ جب تک مندر مسجد میں جاتے

بیر بڑھاتے مندر مسجد، میل کراتی مدھوشالہ

شاستری نگر کے اس قبرستان میں ساحر، جاں نثار اور راہی کے ساتھ اپنے دَور کی حسین ہیروئین مدھوبالا اور خوبصورت گلوکار محمد رفیع بھی آرام کر رہے ہیں، لیکن دنیا کی بھاگ دوڑ سے دور اس آرام گاہ میں بازار اپنے ترازو باٹ لے کر گھس آیا ہے، بازار نے مدھوبالا کے چہرے کی قیمت زیادہ لگائی اور اس کی قبر سنگ مرمر کی ہے۔ محمد رفیع کی آواز کا بھاؤ بھی اچھا لگایا اور ان کی قبر کو گرینائٹ سے سجایا، ساحر، جاں نثار اور راہی کے پاس نہ چہرہ تھا نہ آواز، وہ صرف الفاظ تھے، اور الفاظ کی قیمت سب سے کم لگائی گئی۔ اس لیے ان کو گہری نیند سے جگا کر انہیں کے آخری گھروں میں دوسروں کے لیے جگہ بنائی گئی۔ اب ساحر کے ساتھ اور بھی کئی دوسرے ان کے تنگ مکان میں رہتے ہیں، جاں نثار بھی غیر ضروری مہمانوں کی موجودگی کا عذاب سہتے ہیں اور 'آدھا گاؤں' والے راہی بھی بازار کے بہاؤ میں ادھر اُدھر بہتے ہیں۔ شاید بازار کی اس ہٹ دھرمی کو دیکھ کر ادیبہ عصمت چغتائی اور شاعر ن۔ م۔ راشد نے اپنی وصیت میں خود کو دفنانے کے بجائے جلائے جانے کی خواہش کی تھی۔ غالب کے ہم عصر اور آخری مغل تاجدار بہادر شاہ ظفر کے استاد ذوقؔ کا ایک مشہور شعر ہے،

اب تو گھبرا کے یہ کہتے ہیں کہ مر جائیں گے
مر کے بھی چین نہ پایا تو کدھر جائیں گے

کہا جاتا ہے کہ غالبؔ اور ذوقؔ کی کبھی پٹتی نہیں تھی، لیکن اس شعر کو سُن کر وہ کہنے پر مجبور ہو گئے اگر ذوقؔ کا یہ شعر میرے کھاتے میں آجائے تو میں اپنا پورا دیوان انہیں دینے کو تیار ہوں، مگر غالب خوش قسمت تھے، وہ نظام الدین میں واقع اپنی قبر میں دو ڈھائی سو سالوں سے اکیلے گہری نیند سو رہے ہیں۔ شاید ان کے زمانے میں اداکاری اور آواز کے مقابلے میں الفاظ کی قیمت آج کے بازار کی طرح کم نہیں ہوگی۔ الفاظ کا بھاؤ آج کے بازار میں اتنا کم کیوں ہے یہ مسئلہ اخلاقی کم ہے سیاسی زیادہ۔ بازار میں

کرکٹ، اداکاری، سیاست اور آواز کو بلندی پر بٹھادیا ہے اور الفاظ کی اہمیت کو گھٹادیا ہے۔ فلموں میں الفاظ دینے والے کو بے کار کی چیز سمجھا جاتا ہے۔ میڈیا کے مسلسل حملے نے الفاظ اور قواعد کو برباد کردیا ہے، جذبہ کی جمع جذبات یا جذبوں ہوسکتا ہے لیکن دھڑلے سے جذبات کی جگہ جذباتوں استعمال ہوتا ہے۔ ایک لفظ باوجود ہے، باوجود کے اندر 'بھی' خود شامل ہے مگر ہر جگہ باوجود کے ساتھ 'بھی' جڑا ملتا ہے، خبر اور قبر میں 'ک' اور کے نیچے بندی لگانے کا رواج ختم ہوتا جارہا ہے۔ میڈیا کے ساتھ شبدوں کو خراب کرنے میں لیڈروں کا بھی بڑا ہاتھ ہے۔ انہوں نے شبدوں کو ان کے معنوں سے الگ کردیا ہے، اب نہ دوستی میں دوستی نظر آتی ہے نہ محبت میں محبت جگمگاتی ہے اور نہ دیش بھکتی میں سبھاش، امبیڈکر، بھگت سنگھ، اشفاق اللہ خاں، رادھا کرشن اور پنڈت نہرو کی شبیہہ جھلملاتی ہے، سنسد میں بھاشنوں کے بیچ دوہے اور شعر بھی سنائے جاتے ہیں، لیکن زیادہ تر دوہے اور شعر وزن سے الگ کرکے سنائے جاتے ہیں، اور انہیں غلط مصرعوں پر دوسرے ممبران تالیاں بجاتے ہیں ان میں ایک امر سنگھ ہیں جو سیاست میں کم فنکشنوں میں زیادہ نظر آتے ہیں۔ جب بھی وہ شعر سناتے ہیں مصرعوں کو میٹر سے باہر کرکے ہی دہراتے ہیں۔ میں نے پچھلے دنوں فلم رائٹرس ایسوسی ایشن میں کہا تھا جس طرح آپ ڈسپیوٹ کمیٹی میں گیتوں کے مصرعوں کی چوریوں پر فیصلے سناتے ہیں، فلمی کہانیوں میں دوسروں کی تحریر کو اغوا کرنے پر سزا لگاتے ہیں اسی طرح جرائم کی فہرست میں ہماری اجتماعی وراثت زبان کے غلط استعمال کو بھی رکھنا چاہیے، میری بات کو سنجیدگی سے لینے کی بجائے فلم لیکھک سنگھ کے سارے ممبران ایک ساتھ ٹھہاکا مار کر ہنس پڑے تھے۔ اُن ہنسنے والوں میں اکثر فلموں سے جڑے ادیب اور شاعر شامل تھے۔ لیکھک سنگھ نے جب اس جرم کو جرم تسلیم نہیں کیا تو پھر جیسا جس کا جی چاہا اس نے الفاظ کے ساتھ ویسا سلوک کیا۔ فلموں میں گیت کاروں کا انتخاب ان کی صلاحیت کی سطح پر نہیں کیا جاتا۔ میوزک ڈائرکٹر کی پسند یا ناپسند سے ہوتا ہے، میوزک

ڈائرکٹر زبان سے ناواقف ہوتا ہے اور جو لکھنے کے لیے بُلایا جاتا ہے ان میں سے اکثر زبان اور اس کے مزاج سے انجان ہوتا ہے۔

فلموں سے باہر کی دنیا میں بھی شاعروں کا یہی حال ہے۔ جو غزل یا گیت کو اپنے تجربوں کی آگ سے جگمگاتے ہیں وہ جوتیاں چٹخاتے ہیں اور جو اپنی آواز میں انہیں گاتے ہیں وہ انہیں گیتوں اور غزلوں کے سہارے ساری دنیا کی سیر فرماتے ہیں۔ شان سے اپنی پبلی سٹی کرواتے ہیں اور بازار سے جو کماتے ہیں اس میں سے بڑی بڑی کوٹھیاں بنواتے ہیں، قیمتی شرابیں چڑھاتے ہیں، امپورٹڈ کاریں چلاتے ہیں۔ ایک شاعر اکثر مجھے باندرہ میں ایک ایرانی ہوٹل کے باہر فٹ پاتھ پر شمبھو پان والے کی دکان کے پاس کھڑے نظر آتے تھے۔ پہلی ملاقات میں خوبصورت چہرے کے جوان انسان تھے، کچھ دن بعد ملے تو بکھرے بکھرے پریشان تھے، تیسری بار کئی مہینوں کے بعد نظر آئے تو وہ جاندار ہوتے ہوئے بھی بے جان تھے۔ ان میں ان کے شہر لکھنو کی شان تھی نہ جسم اور آنکھوں میں پہلے جیسی پہچان تھی، اس وقت وہ انوپ جلوٹا کے لیے بھجنوں کا ایک کامیاب البم لکھ چکے تھے۔ اس البم سے آواز نے لاکھوں کمائے لیکن الفاظ نے ان کی بے وقت موت تک فٹ پاتھ پر ہی بستر بچھائے اور ضرورتوں نے آتے جاتے لوگوں کے سامنے ہاتھ پھیلائے

گیت بہت سُندر ہے لیکن سچ سچ کہنا یار
پچھلے ہفتے دن بھوجن کے سوئے کتنی بار

پچھلے دنوں اپنی شاعری کے ایک البم کی رونمائی میں، جو جگجیت سنگھ کی آواز میں ریکارڈ کیا گیا تھا، سابق وزیر اعظم اٹل بہاری باجپئی نے شاہ رخ خاں کے طنز و مزاح کے جواب میں کہا کہ میں تو شاعر تھا، غلطی سے سیاست میں آ گیا، اس جواب پر ٹائمس کے مدیر نے لکھا۔ شاعر بننا آسان نہیں ہوتا، پنڈت نہرو کے زمانے میں الٰہ آباد میں ایک شاعر تھا، کئی برسوں سے اس کے سر پر آسمان کی چھت تھی اور اُس کا نام سوریہ کانت نرالا

تھا، ہر الاجی کے مصرعے ہیں:

دکھ ہی جیون کی کتھا رہی
کیا کہوں آج جو نہیں کہی

جگجیت سنگھ اور پنکج ادھاس دنیا بھر میں احترام سے سُنے جانے والے غزل کاروں میں ہیں۔ جگجیت سنگھ غزل گانے سے لاکھوں کماتے ہیں اور ریس کورس میں آج گھوڑے دوڑاتے ہیں۔ مشہور نظم 'بات نکلے گی تو پھر دور تلک جائے گی' کے شاعر کفیل آذر غریبی میں مزار بن کے دہلی کے ایک قبرستان میں بھولے بھٹکے جاننے والوں کو رُلاتے ہیں۔ پنکج اُدھاس جن کی غزلیں گا کر ممبئی کے سب سے پوش علاقہ میں کئی کمروں کے ایک عالیشان بنگلے میں کئی چوکیداروں کے تحفظ میں قسمت کو آئینہ دکھاتے ہیں اور

درد کی بارش سہی مدھم ذرا آہستہ چل
دل کی مٹی ہے ابھی تک نم، ذرا آہستہ چل

جیسی کامیاب غزلیں لکھنے والے ممتاز راشد کو ماہم درگاہ میں ایک کمرے کے مکان سے لوکھنڈ والا کے ڈیڑھ کمرے والے مکان تک آتے آتے ۳۵ سال لگ جاتے ہیں، میرا ایک شعر ہے

ہر ایک گھر میں دیا بھی جلے، اناج بھی ہو
اگر نہ ہو کہیں ایسا تو احتجاج بھی ہو

✪✪✪

سنسار کے بازار میں سب ہیں بِکاؤ

بڑھتی ہوئی آبادی نے سنسار کو ایک بڑے بازار میں تبدیل کردیا ہے۔اس بازار نے صدیوں پرانی عقیدوں ،یقین اور احساسوں پر سوالیہ نشان لگادیا ہے،اس کی مول تول کی ترازو کا دور دور تک کوئی رشتہ سماجی اخلاقی اقدروں سے نہیں ہوتا۔ اس کی زبان، رسم و رواج، اصول، کام کاج سب بازاری ہوتے ہیں، اقتصادی نقصان فایدے کے گھیروں میں گھومتی یہ نئی تہذیب آج زندگی کے ہر میدان میں داخل ہوچکی ہے۔ سیاست، مذہب،ادب، رشتے ناطے، تعلیم سب اسی شطرنج کے چھوٹے بڑے مہرے ہیں، ایک زمانے میں (سویت یونین کے زوال سے پہلے) امریکہ کی خفیہ ایجنسی سی آئی اے اس طرح کام کرتی تھی کہ اس سے جُڑے کارکنوں کو بھی یہ معلوم نہیں پڑتا تھا کہ وہ کس کے لیے کام کررہے ہیں، یہی حال آج کے سماج کا ہے، یہ بازار کیسے کیسے اور کہاں کہاں تک پھیل چکا ہے اس کی جانکاری نہ ان کو ہے جو اس کے زیرِاثر ہیں، نہ ان کو، جو اس کے پھیلاؤ میں مددگار ہیں،اس بازاری تہذیب کے نشان ہر کہیں دکھائی دیتے ہیں۔

میرا تعلق مدھیہ پردیش کے ایک چھوٹے سے شہر گوالیار سے ہے، ایک دوسرے

کے دکھ درد میں شریک ہونا وہاں کا مزاج تھا، ایک گھر کی خوشی، کئی کئی گھروں میں دنوں ناچتی گاتی تھی، اسی طرح ایک مکان کی غمی ایک ساتھ بہت سے گھروں کو رُلاتی تھی۔ اسٹیشنوں یا بس اڈوں پر کھڑے تانگے والے، دو تین نسلوں کے بعد بھی مسافروں کے مکانوں یا ان کے رشتہ داروں کے ٹھکانوں کو جانتے تھے، گھر پہنچنے سے پہلے مسافروں کو راستوں میں ہی نہ صرف اپنے گھر کی بلکہ اور بھی کئی گھروں کی خبریں مل جاتی تھیں۔ جب کوئی نیا گھر بنواتا تھا تو اس میں خود کے آرام کی سہولت ہی نہیں، بہت سی دوسری چیزوں کا خیال بھی رکھا جاتا تھا، اس میں مہمانوں کے ٹھہرنے کو مہمان خانہ بھی ہوتا تھا، جانوروں کی پیاس کے لیے پتھر کی ناند بھی گڑھوائی جاتی تھی، پرندوں کے لیے چھتری بھی لگائی جاتی تھی، ہر گھر کے نقشے میں یہ ساری چیزیں ضروری سمجھی جاتی تھیں، بچوں کی مسکراہٹوں میں سب کی حصہ داری ہوتی تھی، بزرگوں کی عزت و احترام میں سب کی رشتہ داری ہوتی تھی۔

دکھ میں نیر بہا دیتے تھے، سُکھ میں ہنسنے لگتے تھے
سیدھے سادے لوگ تھے لیکن کتنے اچھے لگتے تھے

یہ اُن دنوں کا گوالیار تھا، جب میں نے اِسے چھوڑا تھا، اب وہاں بھی راستوں میں بھیڑ کی ریل پیل نے نئی نئی کالونیوں میں بنے فلیٹوں سے دالان اور آنگن چھین لیے ہیں۔ چھوٹے ہوتے گھروں نے دل کو بھی چھوٹا کر دیا ہے۔ اب نہ چھتوں پر کبوتروں کی چھتریاں نظر آتی ہیں نہ پیاسے جانوروں کے لیے پانی کی ناند رکھی جاتی ہے۔ مہمان اب بھگوان نہیں ہوتا، اس کے آنے سے میزبان پریشان ہوتا ہے، اب نہ منڈیروں پر آ کر کوّے آنے والوں کو پیغام سناتے ہیں، نہ پیپل اور نیم موسم کے استقبال میں لہلاتے ہیں، گھروں کے بزرگ بے کار سامان کی طرح، ہر جگہ بکھرے بکھرے نظر آتے ہیں، تبدیلی ہوتی یہ چھوٹی بستیاں آہستہ آہستہ اس اُور جا رہی ہیں جہاں ممبئی، چنئی اور دہلی

پہنچ چکے ہیں، پھیلتے ہوئے بازار کی سب سے بڑی طاقت پبلی سٹی ہے، پبلی سٹی میں وزن اور وشواس پیدا کرنے کے لیے سماج کے مختلف علاقوں کے جانے پہچانے چہروں کا استعمال کیا جاتا ہے، کرکٹ اور فلموں کے مقبول چہرے سڑکوں کی دیواروں پر لگے پوسٹرس، چوراہوں پر ٹنگے ہورڈنگس، اخباروں اور ٹی وی کے اسکرین پر چلتی پھرتی تصویریں رات دن انسانوں کے دماغوں کو ذاتی سوچ سے دور کر کے انہیں جانی پہچانی چیزوں کی اور متوجہ کرتی رہتی ہیں۔تجارت میں پبلی سٹی کی ضرورت نے اسے ایک انڈسٹری کی صورت دے دی ہے،اس انڈسٹری کے تین چوتھائی سے زیادہ مالکوں میں امریکہ اور اس کے ساتھیوں کی گنتی ہوتی ہے۔

آج کل ہر بدن پر موٹے کپڑے کی کالی یا نیلی جینس دکھائی دیتی ہے،میڈیا کے مسلسل پرچار پرسار نے ساری دنیا میں اسے نوجوانوں کا پسندیدہ لباس بنادیا ہے۔ بڑی بڑی کمپنیوں کے لیبلوں سے ان کی قیمتیں گھٹتی بڑھتی رہتی ہیں۔ یہی موٹا رَف کپڑا اگر تیس چالیس سال پہلے، کوئی باپ اپنے بیٹے کو دکھاتا یا اس کے لیے اس کی پینٹ بنواتا تو باپ بیٹے کے بیچ تنازعہ کھڑا ہو جاتا، وہ گھر چھوڑ کر جانے کا غصہ دکھاتا اور باپ اس کی ناراضگی کو دور کرنے کے لیے کوئی دوسرا اچھا ملائم کپڑا خرید کر لاتا،لیکن پرچار پرسار کے بازار نے کل کی ناپسند کو آج کی پسند بنا دیا ہے، آج کل کرکٹر میدان میں کھیل کم دکھاتے ہیں، بازار میں تیل، صابن یا سائیکلیں بیچتے زیادہ نظر آتے ہیں۔سنی دیول ایک طرف فلم میں دیش بھگتی کا جھنڈا لہراتے ہیں دوسری طرف انڈرویر۔بنیان کے 'اندر کی بات' بتاتے ہیں، عامر خاں فلم 'سرفروش' میں وطن دشمنوں پر بندوق چلاتے ہیں اور ٹی وی اسکرین پر دیسی پانی کے بدیسی روپ کو ٹھنڈا یعنی کوکا کولا کہہ کر پیسہ کماتے ہیں۔ امیتابھ بچن سر کے تیل سے، لکھنے والے پین تک دکان میں اپنی فرنچ کٹ داڑھی کے ساتھ جگمگاتے ہیں،

حسن والوں کے طلب گار ہیں اچھے اچھے
مال اچھا ہے، خریدار ہیں اچھے اچھے

جب ٹیڈ دلکر ہیرو ہونڈا، اکٹھے کمار شراب اور ایشوریہ رائے لکس صابن بیچیں گی، تو مارکیٹ میں گاہکوں کی بھیڑ بڑھے گی ہی۔ فلم اور کھیل کی دنیا کے جانے پہچانے ان چہروں کا کاروباری اہمیت کو دیکھ کر سیاست نے بھی انہیں چناؤ میں استعمال کرنا شروع کردیا ہے، بڑی بڑی رقمیں دے کر، ان میں سے کسی کو سیکولر کانگیرس وادی بنایا جاتا ہے، کبھی کسی کے ماتھے پر تلک لگا کر اسے ہندتوا کا سبق پڑھایا جاتا ہے، اور کبھی اس کے نام پر سماج وادی کا ٹھپا لگایا جاتا ہے، اور اس طرح لوگوں کی سوچ سمجھ کو بُجھایا جاتا ہے،

کوئی کسی کی طرف ہے، کوئی کسی کی طرف
کہاں ہے شہر میں اب کوئی زندگانی کی طرف

سیاست جو کبھی جَن سیوا کا نام تھی اب دھندا بن چکی ہے اور دھندوں کے قاعدے قانون اپنے ہوتے ہیں، یہ کبھی سنت نرسی مہتہ اور گاندھی کے مقامات میں ہنسا کا شور مچاتی ہے، کبھی صوفی سنتوں کی راجدھانی دہلی میں گرونانک کے دانیوں کو خون میں نہلاتی ہے۔ اسامہ بن لادین کو پہلے روس کے خلاف ہتھیار بناتی ہے، پھر اسی کی کھوج میں افغانستان پر بم اور میزائیل اڑاتی ہے، اور کبھی زہریلے ہتھیاروں کی جھوٹی گواہیوں پر ہنستے گاتے عراق میں ہر طرف موت بچھاتی ہے اور اس غیر انسانی کھیل کو امن کی ضرورت ٹھہراتی ہے۔

امریکہ میں پریسیڈنٹ کے چناؤ کے دنوں میں، مَیں وہیں تھا، بُش اور کیری کے چناؤ بھاشن سن کر وہاں کا پڑھا لکھا سماج بش کے مقابلے میں کیری کی دلیلوں اور عراق میں امریکی پالیسی کے خلاف اس کے انسانی نقطہ نظر کو زیادہ پسند کر رہا تھا، لیکن انہیں شاید اس پبلی سٹی کا علم نہیں تھا جو امریکہ کے غیر تعلیم یافتہ سماج میں (جو بھارت کی طرح تعلیم یافتہ سماج سے کئی گُنا زیادہ ہے۔) آہستہ آہستہ بش اور صدام حسین کے ٹکراؤ کو مذہبی جنگ بنا رہی تھی۔ اس غیر انسانی عمل کو جب عیسائیت اور اسلامی جنگ بنا دیا گیا، تب

کیری کی کمزور پہلی سی بش کے مضبوط پینتروں کے سامنے گھٹنے ٹیک گئی۔ جنگ میں مارے گئے بیٹوں کی مائیں اب آنسو بہا رہی ہیں، جوان سُہاگنیں اپنی بے سہارا تنہائیوں کو رُلا رہی ہیں اور واشنگٹن کی سفید عمارت دنیا کو امن اور مذہبی رواداری کا سبق پڑھا رہی ہے، ممبئی میں میرے گھر پچھلے کئی برسوں سے ایک مراٹھی عورت جھاڑو پونچھا اور برتن صاف کرنے آتی ہے۔ اس کے ساتھ پانچ سال کی ایک بچی بھی ہوتی ہے۔ جو ایک کونے میں بیٹھی ماں کو کام کرتے دیکھتی رہتی ہے۔ وہ بھی دو تین سال بعد اپنی ماں کی طرح ڈھائی تین سو روپے ماہانہ پر کسی دوسرے گھر میں جھاڑو پونچھا کیا کرے گی، میرے گھر میں کام کرنے والی شیوسینا پرمکھ بال ٹھاکرے کی معترف ہے۔ ایک دن جب وہ ووٹ دے کر آئی تو میں نے پوچھا کس پارٹی کو ووٹ دیا؟، اسنے کہا 'بالا صاحب کی پارٹی شیوشینا کو' میں نے پوچھا 'شیوسینا ہی کیوں؟' اس لیے کہ وہ مراٹھی لوگوں کی پارٹی ہے، اس بے چاری کو کیا معلوم، اس کی پگار ڈھائی تین سو سے آگے نہیں بڑھے گی اور ممبئی، شیواجی، مراٹھا کا پرکشش نعرہ چار سو بیس کروڑ روپیوں میں کوہ نورمل کا سودا طے کرے گا۔ اکبر الہ آبادی کا شعر تھوڑا سا بدل کر:

قوم کے غم میں ڈنر کھاتے ہیں وہ جام کے ساتھ
رنج لیڈر کو بہت ہیں مگر آرام کے ساتھ

آج کی تہذیب دکانوں کی تہذیب ہے۔ دکانیں چلانے والوں کا رشتہ کسی خاص مذہب، زبان یا علاقہ سے نہیں ہوتا۔ ان دکانوں پر لگے بورڈ مارکیٹنگ کے حساب سے تیار کیے جاتے ہیں، ان میں نہ کوئی فرقہ پرست ہے نہ سیکولر، سب دکان دار ہیں اور ان کے اپنے اپنے برانڈ کے محافظ پرچار پرسار ہیں، ہندو مسلم سکھ عیسائی کے بھید بھاؤ میں عوام کو اُلجھایا جاتا ہے او ران اُلجھاؤں سے دھندہ چلایا جاتا ہے۔ آسکر وائلڈ نے کہا تھا ''مقبول ہونے کے لیے چھوٹے ذہن کی ضرورت ہوتی ہے'' میں اس میں اتنا جوڑنا

چاہوں گا، چھوٹے ذہن کو اپنا بنانے کے لئے بڑی پبلی سٹی کی ضرورت ہوتی ہے۔

ملتا کہاں ہے اپنے مکانوں میں اب خدا
شاید دکھائی دے وہ کسی اشتہار میں

ooo

تماشے میں چہرے پُرانے پڑ جاتے ہیں مگر۔۔۔

زندگی ایک چلتے پھرتے تماشے کے سمان ہے، اس تماشے کی وہ خود ہی تماشائی بھی ہے اور تماشا بھی۔ اس تماشے کی شروعات آدمی کے جنم سے ہی ہو جاتی ہے۔ جنم ہوتے ہی وہ کمہار کی مٹی کی طرح الگ الگ آکاروں میں ڈھلتا رہتا ہے، مسلسل بدلتا رہتا ہے، ایک ہی آئینہ میں، کبھی وہ بچپن میں کلکاریاں مارتا ہے، کبھی جوانی کی دل داریاں سنوارتا ہے اور یوں ہی بوڑھا ہو کر حال میں ماضی کو پکارتا ہے۔ وہ مسلسل بدلتا رہتا ہے، اور جو ہے اس میں، جو نہیں ہے اس پر ہاتھ ملتا رہتا ہے، علاقوں کی ٹاپوگرافی کی طرح آدمی کا چہرہ مہرہ بھی وقت کے ساتھ نئے نئے روپ لیتا رہتا ہے، کچھ اپنے اندر ہونے والی اس تبدیلی کو نباہتے رہتے ہیں۔ کچھ اس کو اپنا غم بنا کر خود کو ستاتے رہتے ہیں۔ وقت کے ساتھ نباہیے یا اسے ہٹ دھرمی سمجھ کر خود کو ستایئے، اس سے کوئی فرق نہیں پڑتا، وقت اپنی رفتار سے بہتا رہتا ہے اور بہتا رہے گا، جو کل تھا وہ آج نہیں ہے جو آج ہے وہ کل نہیں ہوگا۔ شاعری میں کھوئے ہوئے بچپن اور گزری ہوئی جوانی کو ہمیشہ یاد کیا جاتا ہے۔ یہ جانتے ہوئے بھی کہ جو جاتا ہے وہ لوٹ کر نہیں آتا۔ بچپن سے زیادہ

جوانی کا ماتم شاعری کا خاص موضوع ہے۔ مرزا غالب بڑی آن بان کے شاعر تھے انہوں نے اپنے بڑھاپے کو تو غزل میں ایک دو جگہ ہی اپنا موضوع بنایا ہے، لیکن اپنے خطوں میں اپنی گزری ہوئی جوانی کو بار بار یاد کیا ہے۔ ایک خط میں جوانی میں اپنی گلابی رنگت والے چہرے کی خوبصورتی کا ذکر کیا ہے اور دوسرے میں مخالفوں کو جنہوں نے انہیں بڑھاپے میں ماں بہن کی گالیوں بھرے خط لکھے تھے، یوں پھنکارا، میاں تمہیں بوڑھے آدمی کو گالیاں دینے کا طریقہ بھی نہیں آتا، عمر کے جس حصہ میں میں ہوں اس میں گالی ماں بہن کی نہیں دی جاتی، بیٹی کی دی جاتی ہے، غالب یقین کی جگہ شکوک کے شاعر تھے، انہیں خدا کے ہونے کا رشک بھی تھا اور اس کے نہ ہونے کا غم بھی، انہوں نے کہا تھا:

ہم کو معلوم ہے جنت کی حقیقت لیکن
دل کو خوش رکھنے کو غالب یہ خیال اچھا ہے

شکوک نے غالبؔ کو زیادہ رنجور تو کیا لیکن ان شکایتوں سے دور رکھا جو ان سے پہلے اردو بعد کے شاعروں کی شاعری میں بار بار دہرائی جاتی ہیں۔ جوش ملیح آبادی نے اپنی خودنوشت 'یادوں کی بارات' میں اپنی جوانی کو جتنی رنگینی سے بیان کیا ہے اپنی شاعری میں بڑھاپے کا اتنا ہی اُپمان کیا ہے، وہ اپنی جوانی کی گیارہ محبوباؤں کا ذکر تو فرماتے ہیں لیکن بڑھاپے میں اپنی ہی عمر کی اہلیہ کو دیکھنے سے گھبراتے ہیں۔ ایک رباعی میں ڈھلتی جوانی سے نکلتے بڑھاپے کو انہوں نے اس طرح کوسا ہے:

ممکن ہو تو سولی پہ چڑھانا یارب
یا نارِ جہنم میں جلانا یارب
معشوق کہیں آپ ہمارے ہیں بزرگ
ناچیز کو یہ دن نہ دکھانا یارب

وہ بڑھتی عمر میں اپنی ہم عمر محبوباؤں کو نہیں کوستے اپنی شکل دیکھ کر بھی دل مسوستے

ہیں، وہ جوانی گزارنے کے بعد بھی اسے گزر جانے پر یقین نہیں کرتے، یہی ان کا غم ہے، اس غم کو بہلانے کے لیے وہ خود بھی دھوکا کھاتے ہیں اور اپنے قارئین کو بھی دھوکے میں رکھتے ہیں۔ دیکھیے کس طرح آدمی بوڑھا ہو کر بھی اپنے بوڑھے ہونے کو جھٹلاتا ہے۔ جوش صاحب کی ایک اور رباعی ہے۔

کیسا یہ عجب دَور نظر آتا ہے
بدلا ہوا ہر طور نظر آتا ہے
آئینے میں یہ میں تو نہیں ہوں اے جوش
بوڑھا سا کوئی اور نظر آتا ہے

وقت کے بدلتے رنگوں کا اثر شاعروں اور کویوں سے زیادہ فلمی اداکاروں اور اداکاراؤں پر نظر آتا ہے۔ ان کا نام اور کام چہروں سے ہی چلتا ہے اور چہرے ہمیشہ ایک سے نہیں رہتے، وقت انہیں مسلسل بدلتا رہتا ہے۔ مینا کماری جب کمال امروہوی سے الگ ہو کر اکیلی رہنے لگی تھیں تو انہوں نے اپنے اکیلے سفر میں شراب کو اپنا ہم سفر بنالیا تھا، ان کی شراب جب کبھی ہوش میں آتی تھی تو وہ ان کے چہرے کا آئینہ بن جاتی تھی اور میناجی ایک شعر دہراتی تھیں۔۔۔

آئینہ دیکھ کر خیال آیا
تم مجھے بے مثال کہتے تھے

نہیں معلوم اس شعر میں 'تم' کا تخاطب کون تھا، کیونکہ اُن دنوں ان کی تنہائیوں میں کئی نامی گرامی ہستیاں شریک تھیں۔ اُن میں دھرمیندر بھی تھے۔ گلزار اور ساون کمار ٹاک بھی تھے۔ بڑھتی ہوئی عمروں سے سمجھوتا کرنا آسان نہیں ہوتا، اس کا احساس مجھے بھارت بھوشن سے مل کر ہوا۔ مجھے کسی کتاب کی ضرورت تھی اور بھارت جی کی اپنی لائبریری پوری انڈسٹری میں مشہور تھی۔ شام کا وقت تھا اور بمبئی میں شام جام کے بغیر ناکام سمجھی جاتی ہے۔ بھارت جی اُن دنوں جوہو سے باندرہ لنکنگ روڈ کے فلیٹ میں

رہنے لگتے تھے، وہ بڑی جگہ سے چھوٹی جگہ میں آئے تھے،لیکن اس چھوٹی جگہ نے بھی ان کی بڑی لائبریری کے لیے گنجائش پیدا کرلی گئی تھی۔ دوسرا پیگ ختم ہوتے ہی بھارت جی کے ہاتھوں میں ان کی پرانی فلموں کا البم تھا،مرزاغالب کے کردار میں بھارت بھوشن۔ بیجوباورا کے روپ میں بھارت بھوشن، خوبصورت تصویروں کو دکھاتے ہوئے بھارت جی کا چہرہ آپ ہی آپ بدلتا جارہا تھا، مجھے لگاان کی خاموشی کچھ بولنا چاہتی ہے لیکن جسے وہ مجھے نہیں سنانا چاہتے،اتنے میں ان کی ایک اپاہج جوان لڑکی وہیل چیئر پر میرے لیے کتاب لے کر کمرے میں داخل ہوئی،اُسے دیکھتے ہی بھارت جی کی آنکھوں سے اچانک آنسو بہہ نکلے۔ان آنسوؤں کے ساتھ ان کے لفظ تھے'قسمت نے کیسی ناانصافی کی ہے اس کے ساتھ، نہ جانے میرے کس جنم کے پاپ کا ڈنڈ اسے مل رہا ہے۔ ساحر کا ایک شعر ہے؛

دوسرا غم تو بہانہ ہی بنا کرتا ہے
سب کو اپنی ہی کسی بات پہ رونا آیا

نہیں معلوم اس وقت بھارت جی اپنے شان دار ماضی سے دور ہونے کی بے بسی پر روئے تھے یا خوبصورت چہرے والی اپنی بیٹی کی اپاہج زندگی پر دامن بھگوتے تھے۔ اس باب میں مجھے اپنے ایک سینئر دوست بھی یاد آتے ہیں،جن کا نام موہن زوری تھا، اُن دنوں اسّی سال کو پار کرکے ۸۲ سے گزر رہے تھے لیکن اس عمر میں بھی لباس، رنگین مزاجی، شاعری اور فلموں میں ان کی دلچسپی جوانوں جیسی تھی۔ جوانی میں جانثار،کیفی اور مجروح کی محفلوں میں جام چھلکاتے تھے۔اب ہفتہ میں ایک دوبار میرے گھر اسکاچ کی بوتل لے کر آتے تھے۔ مادری زبان گجراتی تھی لیکن اردو ہندی شاعری کے شیدائی، جب بھی آتے ایک دوگھنٹہ خوب محفل جمتی۔ ایک بار آئے تو چہرے پر کچھ زیادہ ہی خوشی چمک رہی تھی، میں نے اس کی وجہ پوچھی تو ہونٹوں پر ایک شرمیلی سی مسکراہٹ سجا کر خاموش ہوگئے اور بوتل کھول کر میرے لیے بڑا اور اپنے لیے چھوٹا پیگ بنانے لگے۔

جب سرور آیا تو مسکراتے ہوئے بولے۔ آج میرے لیے بڑی خوشی کا دن ہے، برسوں کی آرزو پوری ہوئی ہے، میں نے سوچا زویری صاحب کی کسی پوتی یا نواسی کی شادی طے ہوئی ہوگی۔ مجھے سوچتے دیکھ کر انہوں نے جیب سے خوشبو میں بسا ہوا ایک لفافہ نکالا اور کہا یہ دیکھو برسوں پہلے جو بمبئی کے ہی ایک کالج میں میرے ساتھ تھی، وہ کالج کی سب سے حسین لڑکی تھی اور میں اسے چاہتا تھا۔ اس وقت میرے اور اس کے بیچ مذہب دیوار بن گیا اور اس کی شادی کسی اور سے ہوگئی۔ پہلی محبت زندگی میں مشکل سے بھولتی ہے، لیکن مجبوری نے جینا سکھادیا تھا، میری بھی شادی ہوگئی لیکن آج اچانک میرے پتے پر اس کا خط آیا تو وہ اپنے حُسن اور جوانی کے ساتھ پھر سے یاد آنے لگی اور اس کی دوری ستانے لگی۔ اس نے مجھے دہلی بلایا ہے، میرے تین پیگ ہو چکے تھے، میں نے ان سے کہا زویری صاحب اگر آپ کو اس سے واقعی پیار ہے تو ایک کام کیجیے۔

''فرمایئے''

میں نے کہاں۔ اُس سے ملنے نہیں جایئے''۔

''وہ کیوں؟''

میں نے کہا۔۔ وہ یوں کہ آپ ان کے سولہ برس کے روپ کو سنواریے اور انہیں اٹھارہ برس والے آپ کو نہارنے دیجیے۔ آپ ملنے جائیں گے تو وہ سولہ سے اُسّی کی ہو جائیں گی اور آپ۔۔۔

پتا نہیں انہوں نے میری بات مانی یا نہیں، لیکن میں نے اس موضوع پر ایک نظم لکھی تھی:

وقت نے میری بالوں میں چاندی بھردی
ادھر اُدھر جانے کی عادت کم کردی
آئینہ جو کہتا ہے سچ کہتا ہے
ایک سا چہرہ مُہر اکس کا رہتا ہے

اسی بدلتے وقت کے صحرا میں لیکن
کہیں کسی گھر میں اک لڑکی ایسی ہے
برسوں پہلے جیسی تھی وہ اب بھی بالکل ویسی ہے۔

✸✸✸

زبان کے فاصلے توڑتا وہ ادیب

راہی معصوم رضا جب علی گڑھ میں پروفیسری چھوڑ کر بمبئی آئے تھے، اس وقت وہ ہندی اردو ادب کے جانے مانے نام تھے، ان کے ساتھ دونوں زبانوں میں ایک درجن سے زیادہ کتابیں، ایک نئی بیوی اور ان کے ساتھ اس کے پہلے شوہر کے چار لڑکے، ایک چاندی کی پان کی ڈبیا، ڈوروں والا ایک لکھنوی بٹوہ، دستکار ہاتھوں سے سلے کچھ مُغلئی انگرکھے، علی گڑھ کٹ پاجامہ، کُرتے اور شیروانیاں تھیں۔

اُس وقت کی بمبئی آج کے مقابلے میں کافی بھری پُری تھی۔ دھرم ویر بھارتی، دھرم یگ کے مدیر تھے اور اس پرچے کے ذریعہ 'نوگیت' اور 'نئی کہانی' کی توانا صلاحیتوں کو سامنے لا رہے تھے۔ کملیشور 'ساریکا' کو کہانی کا ادبی منچ بنا رہے تھے۔ کرنجیا ہندی، انگریزی اور اُردو بلٹز میں دیس کی سیاست کو آئینہ دکھا رہے تھے، کرشن چندر کہانیوں اور ناولوں میں نثر کا جادو جگا رہے تھے۔ سردار جعفری، میرا اور غالب کی وراثت میں میرا اور کبیر کے پیوند لگا رہے تھے۔ راجندر سنگھ بیدی اپنی کہانیوں پر فلمیں بنا رہے تھے۔ کیفی

اعظمی مشاعروں میں انقلابی نظمیں سنا رہے تھے، خواجہ احمد عباس اپنے آخری صفحہ سے بلٹز کو مقبول بنا رہے تھے اور ندا فاضلی جیسے نئے لوگ ناریل کے بنا سایے کے پیڑوں تلے اپنے مستقبل کو بلا رہے تھے۔

ان دنوں کی بمبئی نے راہی جیسے ادیب کا مناسب خیر مقدم کیا۔ پہلے انہیں ان کے بھائی بینک کے اعلا افسر کے یہاں ٹھہرایا اور اس کے بعد باندرہ میں بینڈ اسٹینڈ پر واقع سمندر کنارے کئی کمروں والے ایک فلیٹ میں بسایا۔ ان کے پڑوس میں شاعر، مکالمہ نگار اخترالایمان تھے۔ کرایے کا یہ گھر آج ان کے بڑے بیٹے ندیم کی ملکیت میں ہے۔ ندیم فلموں کے مشہور کیمرہ مین ہیں اور نوبل پرائز ایوارڈ یافتہ نائپال کے افریقی ملک کی گانے والی پاروتی خاں کے شوہر ہیں۔ پاروتی کے ساتھ خاں کا جڑاؤ اس وقت قابل ذکر واقعہ تھا، ایسی ہی فرقہ وارانہ بحث اس وقت بھی چلی تھی، جب بی آر چوپڑا کے سیریئل 'مہابھارت' میں مکالمہ نگار کی حیثیت سے راہی معصوم رضا کا نام جڑا تھا، ایک مسلمان نام کا ادیب، ہندو مذہبی گرنتھ کو اپنے ڈائیلاگوں سے اپوتر کر رہا ہے۔ یہ اس زمانے میں شیوسینا اور بی جے پی کا خاص چرچا کا موضوع تھا لیکن راہی کے پارکر پین نے اس الزام کی نہ صرف پوری طرح تردید ہی کی، بلکہ نکتہ چینی کرنے والوں کے منھ پر تالے لگادیے، راہی کا یہ حوصلہ مند چہرہ اس ٹوپی اور داڑھی والے مسلمان سے مختلف تھا جو اکثر آج ملائم سنگھ اور سونیا گاندھی کی ریلیوں میں نظر آتا ہے اور جو بار بار فلموں میں دکھایا جاتا ہے۔ راہی ہندی اور اُردو کے اس بھید کو بھی نہیں مانتے تھے، جسے جناح کی ٹونیشن کی تھیوری نے فرقہ وارانہ رنگ دے کر بھارت میں رگھوپتی سہائے فراق کی زبان کو مسلمان اور گل شیر احمد شانی اور اسد زیدی کی بھاشا کو ہندو بنا دیا تھا۔ راہی پڑھے لکھے انسان تھے۔ وہ سیاست کی بنائی ہوئی بھول بھلیوں میں بھٹکے نہیں، اپنے راستے پر چلتے رہے اور جتنا ممکن تھا اپنے لفظوں سے ماحول کو بدلتے رہے، کھار میں میرے گھر کے سامنے فلموں کے مشہور رائٹر ستیش بھٹنا گر رہتے ہیں۔ میں جب مارننگ واک پر جاتا اس

وقت ستیش جی اپنے بنگلے کے سامنے جھاڑو لگاتے نظر آتے تھے، ایک دوبار انہیں اس روپ میں دیکھ کر ایک دن میں نے پوچھ لیا 'ستیش جی، آپ اتنے پڑھے لکھے آدمی ہیں، کئی بڑی بڑی فلموں کے منظرنامے لکھے ہیں۔ آپ سڑک پر اس طرح روز جھاڑو کیوں لگاتے ہیں؟''

انہوں نے مجھے حیرت سے دیکھ کر جواب دیا، ندا فاضلی، اگر ملک میں سب روز اپنے اپنے حصے کی زمین صاف کرنے لگیں تو ملک کتنا صاف ہو جائے گا''۔ میں جب بھی ستیش جی کو یاد کرتا ہوں تو مجھے فوراً مغلئی انگرکھا اور علی گڑھ پاجامہ پہنے، پان کی لال رنگ میں بھیگی مسکراہٹ والے راہی معصوم رضا یاد آجاتے ہیں۔ اپنے گھر میں قالین بچھے فرش پر پیٹ کے بل لیٹے ہوئے دائیں بائیں پڑے ہوئے گاؤ تکیوں کو بغل سے سمیٹے ہوئے اور سامنے رکھے کاغذوں پر مسلسل قلم چلاتے ہوئے غازی پور والے راہی۔ ملک کی سیاست میں شامل فرقہ پرستی سے مسلسل جوجھتے ہوئے۔ کبھی وہ اردو کے لیے ناگری لپی کی وکالت میں 'دھرم یگ' میں مضمون چھپوا رہے ہیں اور اردو کے کٹر پنتھیوں سے گالی کھا رہے ہیں، کبھی مہابھارت میں مکالمے لکھ کر بند توا کو چونکا رہے ہیں، کبھی 'ٹوپی شکلا' اور 'آدھا گلاب' لکھ کر بھارت کے ہندو مسلمان میں سیاست کے پیدا کیے بھید بھاؤ کو ننگا کر کے دکھا رہے ہیں، یہ غازی پور کی مشترکہ تہذیب میں پلے بڑھے انسان تھے۔ اس تہذیب کی قدریں ان کی زندگی اور تحریر میں ہمیشہ جاگتی رہیں۔ انہیں قدروں نے انہیں بمبئی میں کبھی بمبیا نہیں بننے دیا۔ اس گلیمر ورلڈ میں رہتے ہوئے بھی وہ اپنے غازی پور کو اپنے اردگرد بسائے ہوئے تھے۔ ان کا دن بھلے ہی فلم ساز راج کھوسلہ، بی۔ آر چوپڑا وغیرہ کے ساتھ گزرتا ہو، لیکن رات ہوتے ہی لکھنو کے تمباکو، غازی پور کی مجلسوں، اختری بائی فیض آبادی کی غزلوں، علی گڑھ کے قہقہوں اور رنگی پانوں کی گرگراہٹوں سے گونجتا مہکتا رہتا تھا، روز کی محفلوں میں ان کے یہاں پروسی جانے والی ڈشیز میں انہیں علاقے کا ذائقہ ہوتا تھا، راہی کے دو شعر ہیں:

ہم تو ہیں پردیس میں دیس میں نکلا ہوگا چاند
اپنی رات کی چھت پر کتنا تنہا ہوگا چاند
رات نے ایسا پیچ لڑایا چھوٹی ہاتھ سے ڈور
آنگن والے نیم میں جا کر اٹکا ہوگا چاند

یوں تو راہی صاحب سر سے پاؤں تک محبت ہی محبت تھے لیکن ترقی پسند بغاوت بھی ان کی عادت کا حصہ تھا، ان کی ناراضگیاں ایک زمانے میں فلم انڈسٹری میں کافی مشہور تھی۔ ان کی ناراضگی کا پہلا نشانہ دلیپ کمار بنے۔ وہ اس فلم کے ہیرو تھے اور ہیرو بھی بہت بڑے۔ ڈائرکٹر سے زیادہ منظر نامہ اور مکالموں میں ان کا عمل دخل تھا، راہی صاحب کرادروں کو اپنی طرح پیش کرنا چاہتے تھے اور دلیپ کمار ان میں اپنے تجربوں کا رنگ بھرنا چاہتے تھے۔ یہ اپنی اپنی فیلڈ کے دو مہارتھیوں کے بیچ کا تنازعہ تھا۔ دونوں اپنی لائن سے ہٹنے کو تیار نہیں ہوئے اور پھر یوں ہوا۔ راہی نے اپنا پارکر پین بند کر کے اپنی اچکن کی جیب میں لگایا، اور فلم رائٹرس ایسوسی ایشن کا دروازہ کھٹکھٹایا۔ لیکن اس سے پہلے کہ رائٹرس ایسوسی ایشن اس بابت میں کوئی فیصلہ کرے۔ فلم کا پورا معاوضہ چیک کی صورت میں کمپنی نے راہی کے گھر پہنچا دیا تھا، ان کا ایسا ہی دلچسپ ٹکراؤ اداکار راج کمار سے بھی ہوا تھا، وہ فلم کے ہیرو تھے اور اس کے رائٹر راہی معصوم رضا تھے۔ فلم ساز کے راز داں۔ فلم کا نام 'اُلفت' تھا، لیکن راہی کا قلم یہاں بھی بد قسمت تھا، کیس فلم رائٹرس ایسوسی ایشن میں پہنچا۔ ڈسپیوٹ کمیٹی میں راج کمار اور راہی کے بیچ جو بات چیت ہوئی وہ کافی دلچسپ تھی۔ راج کمار نے راہی کی طرف اشارہ کرتے ہوئے کہا "راہی کا ایک پاؤں دوسرے سے چھوٹا ہے (راہی صاحب تھوڑا لنگڑا کر چلتے تھے) وہ پروفیسر رہ چکے ہیں انہیں معلوم ہوگا کہ جس جانور میں عیب ہوتا ہے اسے تو اللہ بھی قربانی میں قبول نہیں کرتا، جب ان سے معاہدہ کیا گیا تھا تو مجھے ان کے عیب کا علم نہیں تھا" جواب میں راہی نے کہا: "میرا لنگڑا پن دنیا پر ظاہر ہے، میں نے کبھی اسے چھپایا نہیں، علی گڑھ میں

اسٹوڈینٹس مجھے اسی لئے بائرن کہا کرتے تھے۔ مجھ میں اور ان میں یہی فرق ہے میں اپنے عیب کو چھپاتا نہیں اور یہ اپنے گنجے پن کو وگ سے چھپا کر برسوں سے فلم دیکھنے والوں کو دھوکہ دے رہے ہیں۔ان کے دھوکے دینے کی عادت کا میں بھی شکار ہوا ہوں۔

راہی چہرے سے بھی پرکشش تھے اور مشاعرے کے کافی مقبول شاعر تھے۔ مجاز لکھنوی کے بعد راہی علی گڑھ میں سب سے زیادہ پسند کیے جاتے تھے۔ لارڈ بائرن کی طرح راہی کے کھاتے میں بھی کئی عشق تھے۔ان معاشقوں کی فہرست میں ان کی دوسری بیوی کا نام آخری تھا۔ غازی پور کی بیوی سے آزاد ہوکر ہی وہ علی گڑھ آئے تھے، دوسری شادی نے ان پر کئی پابندیاں لگا ئیں تھیں، اسی وجہ سے انہیں یونی ورسٹی چھوڑنی پڑی۔ اور اسی کی شرط پر وہ مشاعروں کے اسٹیج سے دور ہوئے،لیکن اس کے باوجود شاعری سے ان کا رشتہ آخر تک جاری رہا۔ فلموں اور سیریلوں میں کامیاب ہونے کے باوجود، راہی اس کامیابی کو اپنے ادب کے لیے اچھا نہیں سمجھتے تھے،

ان کے الفاظ میں:

ایک چٹکی نیند کی ملتی نہیں
اپنے زخموں پر چھڑکنے کے لیے
ہائے ہم کس شہر میں مارے گئے

✦✦✦

زندگی کے ساتھ جھومتی گاتی ہے غزل

غزل ایک صنفِ سخن کا نام ہے، اسی طرح جس طرح گیت ہے، دوہا ہے، رباعی ہے چوپائی ہے، لیکن غزل ان سب میں ایک ایسی محبوب صنف ہے، جو ۷۰۰۔۷۵۰ سال کی بوڑھی ہونے کے باوجود جوان ہاتھ پیروں اور چمکتے دمکتے بدن کے ساتھ ہر جگہ گھومتی جھومتی نظر آتی ہے۔ آج کی سیاسی دنیا میں جب کہ علاقہ، زبان، تاریخ، جغرافیہ، تہذیب وغیرہ پر مذہب اور ذات پات کے لیبل لگائے جا رہے ہیں، غزل ہی ایک ایسی صنف ہے جو ہر سیمار اور سرحد سے آزاد ہے اور جو صوفیوں سنتوں کی بانیوں کی طرح صرف محبتوں سے آباد، اس کی اسی ادا نے اسے مقبول بنایا ہے۔ ہندی میں اسے شمشیر اور ترلوچن نے گلے لگایا ہے، گجراتی میں چنیو مودی اور مریض جیسے فن کاروں نے اسے اپنایا ہے، مراٹھی میں سُریش بھٹ اور منگیش پاڈگاونکر نے اس میں جادو جگایا ہے، پنجابی میں امرتا پریتم اور منجیت ٹیوانا نے اپنی دھڑکنوں سے اِسے سجایا ہے، سندھی میں شیخ ایاز اور نارائن شام نے اپنا دکھ سکھ اس میں گایا ہے، اردو میں غالب، یگانہ اور فراق نے اسے اونچائیوں تک پہنچایا ہے۔ ان چند زبانوں کے علاوہ کئی دیسی بدیسی زبانیں بھی

ہیں جنہوں نے اسی آئینہ میں خودکو درشایا ہے، غزل کی اس پہلودار مقبولیت میں اس صنف کی بناوٹ اور بُناوٹ کا بڑا ہاتھ ہے۔ یہ صرف بوند میں ساگر سمیٹنے کا چمتکار ہی نہیں دکھاتی، سنیما کے منظرنامے کی طرح ایک ہی روپ میں کئی مناظر کو لپیٹنے کا ہنر بھی جگاتی ہے، اور اس طرح وقت کی جدید رفتار کا ساتھ نبھاتی ہے۔ گیت کا ہر چھند مکھڑے کے دائرے میں ہی گھومتا ہے۔ نظم ایک ہی جذبہ کے ساتھ آخر تک جاتی ہے، جبکہ غزل پہلے شعر سے آخری شعر تک نئی نئی کہانیاں سناتی ہے۔ ہر غزل ایک ساتھ، کئی خیالوں کو ایک ہی موڈ میں پھیلاتی جاتی ہے، غزل کی اسی چال ڈھال نے گانے والوں کو اس کی طرف متوجہ کیا ہے۔ استاد برکت علی خاں، بیگم اختر، مہدی حسن سے لے کر پاکستان کے غلام علی، فریدہ خانم اور بھارت کے جگجیت سنگھ، مدھورانی نے غزل گائکی کو ایک فن بنایا ہے اور اسے رسم الخط کی سیما سے آزاد کر کے دنیا میں چاروں طرف پھیلایا ہے۔

یہ صحیح ہے غزل سنگرس کی آوازوں نے غزل کاروں کی رچناؤں کو دنیا میں ہر جگہ پھیلایا ہے، اور ان سے ان کو بھی رجھایا ہے، جن کی مادری زبان ہندی اردو نہیں ہے۔ لیکن یہ کہنا شاید مناسب نہ ہو کہ میر، غالب یا رگھوپتی سہائے فراق کو کون جانتا ہے۔ آج زمانہ انہیں میری آواز سے پہچانتا ہے، یہ بیان ان کا ہے جو غزل کی شان ہیں اور جن کا نام مہدی حسن خان ہے، یہ وہی غزل گایک ہیں، جن کے بارے میں لتاجی کا ایک اسٹیٹ مینٹ بہت مشہور ہوا، یہ بیان لتاجی نے ان انوں دیا تھا جب بی جے پی تلسی کے مریادا پرشوتم رام کو رتھ پر بٹھا کر بچوں کو ڈرا رہی تھی اور شیوسینا پاکستان کے خلاف کوٹلہ گراونڈ تڑوا رہی تھی، لتاجی نے کہا تھا:

'پاکستان کے کراچی میں ایک ایسا گلا ہے جس میں میرے ایشور کا نواس ہے۔'

یہی مہدی حسن جب پہلی بار بمبئی آئے تھے تو تحفہ کی طرح ہر بڑے فلمی گھر میں بُلائے گئے تھے۔ اُن دنوں کی مشہور فلم رائٹر جوڑی سلیم جاوید نے بھی ان کے اعزاز میں محفل سجائی تھی۔ سمندر کنارے شراب کا ہنکار اور شائقین کے طور پر فلمی ہستیوں کا

نظارا، ان سب نے مل کر جب ان کے دماغ کو کرنٹ مارا تو وہ بہت کچھ بولنا چاہ رہے تھے اور منھ سے جو لفظ نکل رہے تھے وہ کچھ اور کہہ رہے تھے۔ وہ اپنی رَو میں کہہ رہے تھے۔۔۔میر، غالب کو کون جانتا تھا انہیں دنیا میری آواز سے پہچانتی ہے، پھر انہوں نے اپنی آواز میں میر کی مشہور غزل چھیڑی:

دیکھ تو دل کہ جاں سے اُٹھتا ہے،

یہ دھواں سا کہاں سے اُٹھتا ہے،

ابھی وہ شعر میں شامل لفظ 'دھواں' کی ادائیگی میں اپنی گائیکی کا جادو دکھا رہے تھے کہ ایک کونے سے منھ میں پان کی گھلتی گلوری سے نکلتی ایک تیز آواز گونجی، اس آواز میں غزل کی اُمنگ بھی تھی، تمباکو کی ترنگ بھی تھی اور پٹھانی جنگ بھی تھی۔ یہ آواز تھی شاعر اور نغمہ نگار مجروح سلطان پوری کی۔ ساری محفل اس آواز کی طرف مُڑ گئی، اس آواز کے لفظ تھے۔۔۔بند کرو اس میراثی (مہدی حسن) کو، جو میر و غالب کی بے عزتی کرنے کی ہمت کرتا ہے، اسے اسے گانے کا حق نہیں، ایک دو نہیں سینکڑوں گویے آئیں گے، چلے جائیں گے مگر عظیم شاعروں کے لفظ ہمیشہ دہرائے جائیں گے۔

شمشیر بہادر سنگھ کا شعر ہے:

زمانے بھر کا کوئی اس قدر اپنا نہ ہو جائے

کہ اپنی زندگی خود آپ کو بے گانہ ہو جائے

غزل ایک سیکولر صنفِ سخن ہے، یہ نہ ہندو ہے نہ مسلماں ہے، صرف صاحب ایمان یعنی انسان ہے۔ غزل کی تاریخ ان معنوی قدروں کی تاریخ ہے۔ جو ہر عہد میں انسانیت کا یقین ہے۔ دھرتی بھلے ہی مندر، مسجد، چرچ اور گرودواروں میں تقسیم ہو لیکن غزل میں یہ ساری تقسیم تنظیم کا روپ لے لیتی ہے۔ اس میں جس ایشور کو پوجا جاتا ہے وہ بچہ بن کر مسکراتا ہے، ہاتھ میں چوڑی بن کر کھنکھاتا ہے، دوپٹہ بن کر سرسراتا ہے۔ رشتہ بن کر وقت کو جگمگاتا ہے۔ فاختہ بن کر میدانِ جنگ میں پر پھیلاتا ہے۔ سیاست کو

محبت کرنا سکھاتا ہے، اس میں مذہبی سختی کی جگہ صوفیانہ نرمی ہوتی ہے۔ یہ بھید بھاؤ کی جگہ بھائی چارہ جگاتی ہے۔ غزل کے ایک باغی شاعر یگانہ چنگیزی کا شعر ہے

سب ترے سوا کافر، آخر اس کا مطلب کیا
سر پھرا دے انسان کا، ایسا خبط مذہب کیا

انہوں نے ہی اپنے ایک شعر میں بھگوان کرشن اور حضرت علی، دونوں کو خدا کا روپ کہا ہے، شکتی ایک بھگتی انیک۔۔

کرشن کا ہوں پجاری، علی کا بندہ ہوں
یگانہ شانِ خدا دیکھ کے رہا نہ گیا

غزل کی تاریخ بہت لمبی چوڑی ہے، اس میں کئی ملکوں کی تہذیب اور ملکوں کا حسن شامل ہے، اس میں کئی صدیوں کا پھیلاؤ ہے، جس کو سمیٹنے کی کوشش کروں تو یوں کہوں گا۔۔غزل عرب کے ریگستان میں اِٹھلائی، ایران کے باغوں میں لہرائی اور وہاں سے چل کر جب گنگا اور ہمالہ کے دیس آئی تو اس کا حُسن کچھ ایسا تھا جس کے ماتھے پر زرتشت کا نور تھا، دل میں گیتا تھی، ہاتھوں میں قرآن تھا اور اس کا نام سیکولر ہندستان تھا۔ غزل کے اس ابتدائی روپ کے پہلے ناظر صوفی نظام الدین کی درگاہ میں امیر خسرو تھے۔ اس کے روپ کی تعریف میں انہوں نے جو غزل لکھی تھی، وہ تیرہویں چودہویں صدی میں ہندستانی زبان کی پہلی غزل مانی جاتی ہے، اس شعر کے دو مصرعے۔

جو یار دیکھا نین بھر، دل کی گئی چنتا اُتر
ایسا نہیں کوئی عجب، راکھے اسے سمجھائے کر

غزل میناکاری کا فن ہے، تجربات کی آنچ سے لفظ پگھل کر ہی غزل میں ڈھلتے ہیں، جس طرح ساگر کی لہروں سے پتھروں کو گولائیاں ملتی ہیں۔ اسی طرح آپ بیتی کو جگ بیتی بنانے کے لیے میر کی طرح غزل کو سجانے کے لیے دردوغم کی ضرورت ہوتی ہے۔ میر کا شعر ہے

ہم کو شاعر نہ کہو میر کہ صاحب ہم نے
درد و غم کتنے کیے جمع تو دیوان کیا

داغ کے زمانے میں ان کے ایک ہم عصر امیر مینائی تھے۔لمبی داڑھی، نمازی، مولوی ایک بار انہوں نے داغ سے پوچھا،داغ صاحب جس زبان میں آپ غزل کہتے ہیں، اس میں ہم بھی کہتے ہیں، لیکن کیا بات ہے آپ سناتے ہیں تو چھا جاتے ہیں، ہم سناتے ہیں تو سامعین منھ بناتے ہیں۔ داغ نے کہا''میں آپ کو جواب دوں گا لیکن اس سے پہلے آپ میرے دوسوالوں کا جواب دیں، کیا آپ نے کبھی شام ہوتے ہی گلاس کو رنگین کیا ہے۔ امیر نے انکار میں سر ہلایا۔ داغ نے دوسرا سوال داغا، کیا آپ نے گھر کے علاوہ کسی دوسرے بستر کو آسودہ کیا ہے۔اس بار مولانا امیر مینائی نے 'لاحول' پڑھ کر انکار میں سرہلایا، داغ صاحب نے کہا''میاں! بیوی کو دیکھ کر شعر لکھو گے تو شعروں کا ایسا ہی انجام ہوگا۔غزل میں بیوی کے علاوہ جو بہت کچھ ہے، جب تک وہ غزل میں شامل نہیں ہوتا غزل،غزل نہیں ہوتی۔اس 'بہت کچھ' میں مجاز سے حقیقت تک کا طویل سفر شامل ہے۔امیر مینائی کا مقطع ہے

امیر اچھی غزل ہے داغ کی جس کا یہ مصرع ہے
بھنویں تنتی ہیں خنجر ہاتھ میں ہے تن کے بیٹھے ہیں

✪✪✪

ہم جو کھو رہے ہیں

مجھے بچے، پھول اور چڑیاں بہت پسند ہیں۔ میں نے کسی سیریئل کے لیے ایک گیت لکھا تھا، اُس کا مکھڑا ہے،

چھوٹی چھوٹی خوشیاں
چلتی رکتی راہ میں جیسے
بچے، پھول اور چڑیاں،

آج کی دنیا میں جبکہ ہر چیز میں کھوٹ پیدا ہوگئی ہے، انسان میں حیوان شامل ہوگیا ہے، پاکیزہ ندیاں میلی ہوتی جارہی ہیں، محبت میں نفرت اور سیاست میں وحشت جڑتی جارہی ہے اگر کہیں تھوڑی سی اصلیت نظر آتی ہے، تو وہ بچوں کی مسکراہٹ ہے، پھولوں کی کھِکھلاہٹ ہے، چڑیوں کی چہچہاہٹ ہے، ان تینوں کی آپس میں دوستی بھی بہت ہے، اس دوستی کا سبب وہ بھولا پن اور معصومیت ہے جو عمر بڑھنے کے ساتھ ہم سے چھوٹتی جاتی ہے، انہیں کے ساتھ زندگی کے کئی حسن روٹھتے جاتے ہیں، سورداس کی رادھا میں وہ حیرت زندہ تھی، وہ معصومیت زندہ تھی، تبھی تو وہ درختوں سے بات کرتی تھی اور پیڑ

اے سنتے تھے۔ سورداس نے رادھا سے کہلوایا ہے:

مدھو بن تم بکت رہت ہرے
درہ دیوگ شیام سندر کے
ٹھارے کیوں نہ جرے
کون کاج کھڑے رہے بن میں
کیوں نہ اُلٹی پرے

پھولوں سے بچوں کا رشتہ بھی کچھ ایسا ہی ہے، بہت پہلے ایک کہانی پڑھی تھی، کہانی کس غیر ملکی زبان کی تھی، یہ بھی یاد نہیں، لکھنے والے کا نام بھی ذہن سے اُتر گیا لیکن کہانی کا بیان کچھ یوں تھا:

ایک ہرے بھرے باغ میں روز دو پہر کو جب باغ کا مالی کھاپی کر سوتا تھا، تب بچے وہاں گھس کر کھیلتے تھے، ڈالوں پر جھولتے تھے، پرندوں کی آواز میں آواز ملاتے تھے، پھولوں کے ساتھ مسکراتے تھے، ایک دن بچوں، پھول اور پنچھیوں کے کھیل کی آوازوں سے مالی کی آنکھ کُھل جاتی ہے، وہ ڈرا دھمکا کر بچوں کو بھگا دیتا ہے اور جس دیوار کی کھڑکی سے بچے باغ میں آتے تھے، اُسے بند کر دیتا ہے، بچوں کا آنا بند ہو گیا لیکن اسے دیکھ کر حیرت ہوئی کہ اب نہ باغ میں پھول مسکراتے تھے، نہ پرندے چہچہاتے تھے اور نہ درخت لہراتے تھے۔ ایک دو دن اس نے پیڑوں کو پانی پلایا، پرندوں کو رجھانے کو دانے ڈالے مگر نہ پرندوں نے گانا سنایا نہ پیڑوں نے پھولوں کو ہنسنے کا حکم سنایا۔ مجبور ہو کر اس نے کھڑکی کھول دی، اور بچوں کے آتے ہی سب کچھ پہلے جیسا ہو گیا۔ کہتے ہیں چنڈی گڑھ کے زیادہ پیڑ غیر ملکی ہیں، انہیں باہر سے لا کر یہاں اُگایا گیا ہے۔ یہ ہرے بھرے تو ہیں، سایہ بھی دیتے ہیں، لیکن اپنے ملکوں کے پرندوں اور بچوں سے دور ہونے کی ناراضی میں انہوں نے پھول دینا چھوڑ دیا ہے، میں نے سعودی عرب کے شہر جدہ میں ایک ہندستانی کے گھر ایک نیم کا پیڑ دیکھا تھا، بھارت سے کوسوں دور نیم کو دیکھ کر مجھے

ایسی ہی خوشی ہوئی جیسے پردیس میں اپنے کسی ہم وطن سے مل کر ہوتی ہے مگر یہ دیکھ کر تعجب ہوا کہ وہ نیم ہوتے ہوئے بھی ہمارے نیموں جیسا نہ لمبا چوڑا ہے نہ اس کی شاخیں آسمان سے باتیں کرتی ہیں۔ وہ بڑی عمر کا تھا، لیکن عمر کے حساب سے نہ اس کی لمبائی تھی نہ چوڑائی۔ شاخیں بھی اوپر جانے کے بجائے نیچے جھکی ہوئی تھیں، میں نے اُسے دیکھ کر مالک مکان سے پوچھا: کیا بات ہے؟ انہوں نے جواب میں کہا بھائی میں یہاں کھجوروں کے دیس میں بہت اکیلا محسوس کرتا تھا، کچھ سال پہلے لکھنؤ گیا، تو وہاں سے اپنے آنگن کے نیم کی قلم لے آیا، بڑی محنت سے پال پوس کر اُسے بڑا کیا مگر میری تنہائی میں میرا ساتھ دینے کے بجائے یہ اپنی بیماری سے مجھے اور اکیلا کرنے لگا ہے، میں نے کہا رشید صاحب جس طرح آپ اپنے بچوں سے دور ہو کر تنہا محسوس کرتے ہیں، یہ بے چارہ بھی اپنے ساتھ کھیلنے والے بچوں کی غیر موجودگی سے پریشان ہے۔ اس کی دوسری پریشانی یہ ہے کہ جو زبان یہ صدیوں سے بولتا اور سُنتا آیا ہے اُسے جاننے اور سمجھنے والا یہاں کوئی نہیں، یہ ہندستانی سنتا ہے اور بولتا ہے اور یہاں کی قومی زبان عربی ہے، جانے انجانے بچوں سے دوستی کرنا انہیں اکٹھا کر کے ٹافیاں بانٹنا میری پرانی ہابی ہے۔ اسے میں اپنی روز کی عبادت مانتا ہوں، مجھے یاد ہے بچپن میں میری ماں امتحان کے دنوں میں ہر روز ایک چونی دیا کرتی تھی، اس چونی سے میں نے اپنے اسکول کے راستے میں شومندر کے سامنے بیٹھے چڑی ماروں کے پنجروں سے چڑیاں آزاد کروا کے آسمان میں اُڑاتا تھا، ماں کہتی تھی چڑیاں آزاد ہو کر دعائیں دیں گی اور یہ دعا امتحان میں کام آئے گی۔ بچہ شروع سے میری شاعری کا موضوع رہا ہے، اس کو نئی نئی طرح سے میں نے دکھایا ہے، دو دوہے یاد آرہے ہیں:

جادو ٹونا روز کا بچوں کا بیوہار
چھوٹی سی اک گیند میں بھر دیں سب سنسار

بچہ بولا دیکھ کر مسجد عالی شان
اللہ تیرے ایک کو اتنا بڑا مکان

کچھ دنوں پہلے مجھے پاکستان کے ایک مشاعرے میں بلایا گیا، وہاں میں نے اور نظموں کے ساتھ ایک غزل بھی سنائی، جس کے دو شعر یوں تھے:

اپنا غم لے کے کہیں اور نہ جایا جائے
گھر میں بکھری ہوئی چیزوں کو سجایا جائے
گھر سے مسجد ہے بہت دور چلو یوں کر لیں
کسی روتے ہوئے بچے کو ہنسایا جائے

مشاعرے کے بعد میں نیچے اُترا تو دو تین کالی سفید داڑھیوں نے مجھے گھیر لیا، وہ مسجد والے شعر سے ناراض تھے، پوچھ رہے تھے آپ کہنا کیا چاہتے ہیں؟ کیا بچہ مسجد سے بڑا ہے؟ ان کے ناراض سوالوں پر میرا جواب تھا' یہ تو مجھے نہیں معلوم کہ بڑا کون ہے اور چھوٹا کون ہے، لیکن میں اتنا ضرور جانتا ہوں کہ مسجد کو خدا کے لیے انسان بناتے ہیں اور بچے کو اپنے لیے خدا کے ہاتھ سجاتے ہیں، یہ شعر ایک گیت کے مکھڑے کے روپ میں مہیش بھٹ کی فلم 'تمنا' میں شامل ہے۔ پچھلے دنوں انڈیا ٹی وی کے لیے مہیش بھٹ نے ہی دہلی کی جامع مسجد میں میرا انٹریو لیا، وہاں پر میں نے شعر سنایا تھا،

کام تو ہے زمیں پر بہت
آسماں پر خدا کس لیے

خدا کے کرنے کے جو کام میرے ذہن میں تھے، ان میں اہم کام بچوں کی حفاظت تھا، جو مسلسل عراق، افغانستان، دہلی، گجرات میں مارے گئے یا مارے جا رہے ہیں۔ ایک بچے کو تو گجرات میں پیدا ہونے سے پہلے ہی ماں کے پیٹ سے نکال کر مارا گیا۔ اس سانحہ پر مخالفین کو جواب دیتے ہوئے اُن دنوں کی حکومت کے ایک وزیر نے کہا تھا۔' اس پر اتنا شور کیوں مچایا جا رہا ہے، ایسا تو اکثر ہوا ہے' یہ نہ پیدا ہونے والے

بچے کی موت پر سیاست کا بیان تھا، لیکن حاملہ کوثر بانو کے نہ پیدا ہوئے بچہ کی موت ایک شاعر کے لیے اتنا عام واقعہ نہیں تھا، انشو مالویہ نے اس غم کو یوں لکھا ہے:

میں کبھی نہیں جنمی لتاں
اسپتال میں رنگین پانیوں میں رکھے ہوئے اَجنمے بچوں کی طرح
میں اَمر ہوگئی اماں
اس گیلی آگ میں مجھے کب تک جلنا ہوگا

بچوں کی اپنی دنیا ہوتی ، ہنسا او ر بارود سے کٹی پھٹی دنیا میں ہی ان کی بھی دنیا ہوتی ہے، میرا ایک شعر ہے،

اے شام کے فرشتہ ذرا دیکھ کے چلو
بچوں نے ساحلوں پہ گھروندے بنائے ہیں

ایک بار میں یو ایس اے کے ایک شہر فلے ڈیلفیا کے اسٹیشن کے باہر کھڑا تھا، میں نے جیسے ہی پیکٹ نکال کر سگریٹ سُلگائی ایک لمبے چوڑے بلیک امریکن نے جھپٹا مار کر میرے ہاتھ سے پیکٹ چھین لیا اور آگے بڑھ گیا میں خاموشی سے اُسے جاتا دیکھتا رہا، میرے دوست نے مجھ سے کہا یہ بھی امریکہ کا ایک روپ ہے، آئندہ سے جب بھی باہر جایا کرو، ایک دس ڈالر کا نوٹ ایسے لوگوں کے لیے رکھ لیا کرو، نہیں تو ہوسکتا ہے کوئی خطرہ زیادہ نقصان کر دے، اسی فلاڈیلفیا کے ریلوے اسٹیشن کے اندر امریکہ کا دوسرا روپ بھی دیکھا۔ میں ایک کونے میں کھڑا ٹرین کا انتظار کر رہا تھا کہ اچانک مجھے دیکھ کر اپنی ماں کی انگلی چھوڑ ایک بچہ میرے پاس آیا اور پوچھا۔۔انکل آپ کہاں کے ہیں؟ میں نے کہا' انڈیا' اتنا سن کر اس نے بولا' آئی لو انڈیا!' اور یہ کہہ کر مسکراتا ہوا اپنی ماں کی طرف بھاگ گیا:

بچوں کے چھوٹے ہاتھوں کو چاند ستارے چھونے دو
چار کتابیں پڑھ کر یہ بھی ہم جیسے ہوجائیں گے

✪✪✪

جوانی کی موج، آئی، اٹھی اور اُتر گئی

جوانی آتی ہے، لیکن آ کر چلی جاتی ہے، یہی جوانی کا دکھ ہے، جس کو بہلانے کے لیے آئے دن رسالوں اور پرچوں میں اشتہار اشایع ہوتے ہیں، میڈیکل سائنس نئے نئے کیپسول ایجاد کرتی ہے، ان دیسی اور بدیسی ترکیبوں سے روٹھی ہوئی جوانی کو کچھ دیر کے لیے ہی سہی بہلا پھسلا کر واپس تو بلا لیا جاتا ہے، اس کے آنے کا جشن بھی منالیا جاتا ہے، مگر کبھی کبھی یہ جشن مہنگا بھی پڑتا ہے۔ فرانس کے ایک گاؤں کی خبر کے مطابق ایک بار اسی برس کے ایک بزرگ نے ایسی ہی کسی کیپسول کی کھڑکی سے ایک دن جھانکا تو اُسے محسوس ہوا، اُس کے گھر میں اسی کی عمر کو جو بڑھیا رہتی ہے، اور جو اس کے کئی ادھیڑ عمر کے لڑکے لڑکیوں کی ماں تھی، اچانک دنیا کی حسین ترین عورت بن گئی۔ پہلے تو وہ اسے جاگتی آنکھوں کا سپنا سمجھا لیکن جب اس نے اس قریب سے چھو کر دیکھا تو اس کے حسن پر اور یقین آنے لگا، اور یہ یقین اس کے اندر برسوں سے سوئے ہوئے پیار کو جگانے لگا۔ اس پیار کے نتیجہ میں شوہر کو قبرستان جانا پڑا۔ فیض احمد فیض کا ایک شعر ان دو محبت کرنے والوں پر کتنا پورا اُترتا ہے،

دونوں جہان تیری محبت میں ہار کے
وہ جا رہا ہے کوئی شب غم گزار کے

جوانی قدرت کی انمول نعمت ہوتی ہے، یہ جب تک جس کے ساتھ رہتی ہے، بیش قیمت ہوتی ہے۔ لیکن جب وہ در چلی جاتی ہے تو اس کی واپسی، غریبی میں کسی مہمان کے آنے کی طرح مصیبت بھی ہوتی ہے۔ زور زبردستی کے بجائے جب یہ عمر کے ایک حصے میں اپنی طرح آتی ہے تو جگہ جگہ جادو جگاتی ہے، کبھی یہ لیلا بن کر مجنوں کو دیوانہ بناتی ہے، کبھی کلوپیٹرا بن کر میدانِ جنگ سجاتی ہے۔ کبھی یوسف چک (مغل شہنشا اکبر کے عہد میں کشمیر کا بادشاہ) بن کر ایک گاوں کی لڑکی حبہ خاتون کو ملکہ بنا کر تخت پر بٹھاتی ہے، کبھی وہ عشق بن کر انگلستان کے تخت کو ٹھکراتی ہے۔ یہی کسی رقاصہ کے گھنگھروں میں چھپ کر گول کنڈہ کے بادشاہ قلی قطب شاہ کو غزل کا پہلا شاعر بناتی ہے، یہی جہانگیر کی آنکھیں بن کر ریگستان میں پھینکی گئی، ایک بے سہارا لڑکی کو نور جہاں بنا کر تخت طاوس پر بٹھاتی ہے، دنیا میں محبت کی ہر بڑی داستان جوانی کی کہانی کو ہی بار بار دہراتی ہے، شاعر ہو یا مصور کوئی بھی فن کاری ہو، عمر کے اسی حصے میں جادو جگاتی ہے۔

جاں نثار اختر نے ایک بار جوانی کی تعریف بیان کرتے ہوئے کہا تھا، جوانی اُسے کہتے ہیں جس میں ہر لڑکی حسین نظر آئے جب نظر میں اچھی بُری کا فرق آنے لگے تو سمجھو یہ جانے والی ہے یا جا چکی ہے۔

جوش ملیح آبادی اس فرق سے واقف تھے۔ اس لیے انہوں نے ایک نظم کے آخری مصرعوں میں لکھا تھا،

مہترانی ہو کہ رانی گنگنائے گی ضرور
کوئی عالم ہو جوانی گیت گائے گی ضرور

فراق گورکھپوری بھی اپنی غزلوں میں جس محبوبہ کا ذکر کرتے رہے ہیں، اس کی عمر کبھی جوانی کے محدود دائرے سے باہر نہیں نکلتی۔ انہوں نے اپنے آپ کا بوڑھا ہونا تو

جیسے تیسے تسلیم کرلیا، لیکن اپنی محبوبہ کو سولہ سے پچیس کے حسن سے باہر آنے کی اجازت نہیں دی۔

وہ ہمیشہ سرخ گلابی گال، کالی گھٹاؤں سے بال اور سڈول بدن کے جمال کی کشش سے ہی شاعر سے غزل لکھواتی رہی اور قارئین کو رجھاتی رہی۔ فراق کی رباعیوں میں عورت کا بدلا ہوا روپ رنگ تو ملتا ہے۔ وہ بہن بھی بن جاتی ہے، بچہ کا ہنڈولہ بھی ہلاتی ہے، رسوئی میں برتنوں کو بھی کھنکھناتی ہے، لیکن عمر اس کی وہی رہتی ہے، جو غزل میں نظر آتی ہے، فراق کی محبوبہ کی ایک تصویر دیکھیے:

ذرا وصال کے بعد آئینہ تو دیکھ اے دوست
ترے جمال کی دوشیزگی نکھر آئی

فراق نے بڑھتی عمر میں چڑھتی جوانی کو یوں یاد کیا ہے۔۔

نیند بھی، رات بھی، کہانی بھی
ہائے کیا چیز ہے جوانی بھی

سردار جعفری کو گیان پیٹھ ملنے کے بعد دور درشن نے ان سے انٹرویو لینے کے لیے میرا انتخاب کیا تھا، میرا پہلا سوال تھا: عمر کے ساتھ محبوبہ اور عاشق دونوں پہلے جوان ہوتے ہیں، پھر بوڑھے ہوتے ہیں لیکن شاعری میں محبوبہ سدا جوان کیوں رہتی ہے، وہ بھی عاشق کے ساتھ بوڑھی کیوں نہیں ہوتی؟

جعفری نے میرے سوال کے جواب میں جگر مرادآبادی کا ایک شعر ضرور پڑھا مگر انہیں اپنی شاعری سے کوئی مثال نہیں سوجھی، جگر کا شعر تھا۔۔

گدازِ عشق نہیں کم جو میں جواں نہ رہا
وہی ہے آگ مگر آگ میں دھواں نہ رہا

جگر کا یہ شعر ان کے اُس دَور کا تھا، جب وہ شراب سے دور ہو چکے تھے، شراب کی وجہ سے اہلیہ نے ان سے طلاق لے لیا تھا، شراب چھوڑنے کے بعد اس طلاق شدہ اہلیہ

'نسیم' سے پھر شادی کی، اس وقت جگر کی ۶ پچاس سے گزر کر ساٹھویں دہائی میں داخل ہوچکی تھی، ان کے ساتھ نسیم بھی آئینہ میں اپنے سر کے سفید بال گننے لگی تھی۔ جگر صاحب کا عشق شاعری کی دنیا میں ایک استثنا کے طور پر پیش کیا جاسکتا ہے، ورنہ ہر کوی، شاعر محبوبہ کی جوانی کا جشن مناتا نظر آتا ہے، داغ صاحب کا کافی مشہور شعر ہے،

اک ادا مستانہ سر سے پاؤں تک چھائی ہوئی
اُف تری کافر جوانی جوش پہ آئی ہوئی

مولانا حسرت موہانی، جن کے چہرے کی گھنی داڑھی کو سیاست نے کب کا کالی سے سفید کر دیا تھا، ان کی محبوبہ کی عمر بھی ان کی عمر کے ساتھ آگے نہیں بڑھی۔ ان کی محبوبہ کی تصویر ان کی غزل میں غزل سنگر غلام علی نے یوں پیش کی ہے

چپکے چپکے رات دن آنسو بہانا یاد ہے
ہم کو اب تک عاشقی کا وہ زمانہ یاد ہے

ایک بار محبوب اسٹوڈیو میں شوٹنگ چل رہی تھی، سیٹ پر بزرگ اداکار جے راج تھے، نیتو سنگھ بھی تھیں اور ساتھ میں ان کی ماں بھی۔ میں جے راج کے ساتھ بیٹھا ہوا کیمرے کے سامنے نیتو سنگھ کو ڈانس کرتے دیکھ رہا تھا، اور جے راج جی میرے چہرے کو غور سے دیکھ رہے تھے، شوٹنگ ختم ہونے کے بعد انہوں نے پان کی گلوری مُنھ میں رکھتے ہوئے مجھ سے پوچھا کس کو دیکھ رہے تھے، میں نے سنجیدگی سے نیتو کی طرف اشارہ کیا، وہ میرا جواب سن کر مسکرائے اور پھر سوچتے ہوئے بولے 'ایک بات کہوں' میں نے ادب سے کہا 'فرمایئے' انہوں نے دھیمے سے کہا ''میاں جب بھی کسی جوان لڑکی کی طرف دیکھا کرو، تو یہ ضرور سوچا کرو کہ وہ کچھ سال بعد کیسی دکھے گی''

میں نے پوچھا۔۔ کیا مطلب؟

انہوں نے جواب میں نیتو کی ماں کی طرف اشارہ کیا، جو بدن سے کافی موٹی اور چہرے سے کافی بزرگ لگ رہی تھیں۔ رات بھیگنے لگی تھی، گھڑی دیکھتے ہوئے انہوں

نے پھر مجھ سے مخاطب ہو کر کہا۔ اتنی رات ہو گئی صاحب زادے، گھر جانے کا موڈ نہیں رہا؟ میں نے جواب میں ان سے پوچھا۔۔ بزرگوار آپ کیوں نہیں جا رہے؟ انہوں نے بتایا۔ میری بات الگ ہے۔ وہ کیسے، میں نے حیرت سے پوچھا! وہ بولے۔۔ صاحب زادے، جب جوان تھے ہم تو دیر سے گھر جاتے تھے تو گھر میں لڑائی ہوتی تھی، اب یہ عالم ہے کہ جلدی جاؤ تو لڑائی ہوتی ہے اور کہہ کر پہلے ذرا خاموش ہوئے پھر قہقہہ مار کر ہنسنے لگے۔ ان کے چہرے پر قہقہہ پھیلتے دیکھا تو مجھے دُعا صاحب کی ایک رباعی یاد آ گئی۔

کیا کہیے کتنی جلد جوانی گزر گئی
اب ڈھونڈتا ہوں میں کدھر آئی کدھر گئی
میں صرف اس کی اتنی حقیقت سمجھ سکا
اک موج تھی، جو آئی اُٹھی اور اُتر گئی

✪✪✪

ہونے میں نہیں ہوتا ارادہ اپنا

فلم 'شعلے' کے گبر سنگھ کو کون نہیں جانتا، سنے جگت میں یوں تو کئی کرداروں نے اپنے اپنے دَور میں چمتکار دکھایا ہے، مرزا غالب میں بھارت بھوشن، دیوداس میں دلیپ کمار، تیسری قسم میں راج کپور، پیاسا میں گرودت کبھی نہ بھولنے والے کردار ہیں۔ وقت کے ساتھ بہت کچھ پرانا ہوجاتا ہے لیکن جو وقت کے ساتھ پرانا نہیں ہوپاتا وہ کتاب کی صورت میں ہو یا فلم کے کریکٹر کے روپ میں اسے کلاسیک کا درجہ مل جاتا ہے۔ 'شعلے' کے گبر سنگھ کے کردار میں امجد خاں ایسا ہی کردار ہے، اس کے ساتھ اگر کوئی دوسرا فلمی چہرہ رکھا جاسکتا ہے تو وہ صرف اکبر کے روپ میں پرتھوی راج ہوسکتے ہیں۔ یوں تو ہر اچھی فلم میں کوئی نہ کوئی جان دار کیریکٹر نظر آجاتا ہے، لیکن 'مغلِ اعظم' کا اکبر اور 'شعلے' کا گبر سنگھ، اپنی مثال آپ ہیں۔ پرتھوی راج کے بعد بہت سے اکبر بنائے گئے، امجد خاں کے بعد بھی کئی گبر سنگھ دکھائے گئے مگر ان میں سے کسی میں پہلے جیسی بات پیدا نہیں ہوسکی۔ ساہتیہ اکادمی، دہلی جب کسی ادیب کو انعام سے نوازتی ہے تو انعام لیتے ہوئے، انعام لینے والے کو ایک پیپر بھی پڑھنا پڑتا ہے، میرے پیپر کا پہلا جملہ یوں تھا۔ تخلیق

معجزہ ہوتی ہے، جس پر انسانی حق نہیں ہوتا، اگر یہ انسانی حق میں ہوتا تو کوئی تخلیق کار اپنی مرضی سے دوسرے درجہ کا تخلیق کار بننا پسند نہیں کرتا، یہ معجزہ کہیں کہیں اور کبھی کبھی ہی کسی پر اُترتا ہے، غالب کی غزل، بھیم سین جوشی کی لے کاری، ٹیگور کی شاعری، لتا منگیشکر کی آواز وغیرہ ایسے ہی معجزے ہیں۔ کوشش سب کرتے ہیں، محنت سب کرتے ہیں، لیکن قدرت سب پر ایک جیسی مہربان نہیں ہوتی۔ میرا ایک شعر ہے

یوں بھی ہوتا ہے وہ خوبی جو ہے ہم سے مشہور
اُس کے ہونے میں نہیں ہوتا ارادہ اپنا

شعلے میں امیتابھ تھے، دھرمیندر بھی تھے، ان دونوں منجھے ہوئے فن کاروں کے مقابلہ میں امجد نئے ایکٹر تھے، ان کے پاس صرف اپنے والد جینت کی وراثت، اپنے بڑے بھائی امتیاز کی شہرت اور اپنی جمالیات میں ایم اے کی ڈگری کی ذہانت تھی، ان تینوں خوبیوں نے اندھیرے کے دنوں میں ان کا ساتھ کم دیا، غم زیادہ دیے۔ لیکن جب وہ شعلے کے انتخاب میں کامیاب ہوگئے تو وہ فلم کا ضروری حصہ بن گئے اور فلم ریلیز ہونے کے بعد ناظرین نے اس بڑی کامیابی کا تاج امجد خاں کے سر پر رکھا، یہ فلمی دنیا کی تاریخ کی پہلی فلم تھی، جس نے نہ صرف باکس آفس کا نیا ریکارڈ قایم کیا۔ اس کے مکالموں کے کیسٹ بھی بنے اور انہوں نے بھی پورے ملک میں ہنگامہ مچایا۔ ان کیسٹ کی مقبولیت میں امجد کی آواز میں مکالموں کی کشش خاص تھی، ریلیز ہونے سے پہلے اس فلم کے اسٹاف میں امجد کی یہی آواز کافی تنازعہ کا سبب بنی ہوئی تھی، ان کی آواز کیوں کہ اُن دنوں کی عام فلمی آوازوں سے مختلف اور نئی تھی۔ اس لیے اسٹاف میں شامل کئی لوگ چاہتے تھے گبر کے کریکٹر کے لیے کسی دوسری بھاری بھرکم آواز کا استعمال کیا جائے، وہ اس کے سارے مکالمے دوسری آواز میں ڈب کرانے کے حق میں تھے۔ یہ تنازعہ کئی دن چلا، امجد اداس تھے، پر نئے تھے، وہ لوگ جو اُن کی آواز کے خلاف تھے، ان کے کریڈٹ میں کئی کامیاب فلمیں تھیں، لیکن قدرت اپنا فیصلہ کر چکی تھی، تاریخ بن

چکی تھی اور فلم امجد کی آواز کے ساتھ ہی سنیما گھروں میں لگی۔ کبھی فلم کسی ایکٹر کے کردار کی وجہ سے دیکھنے والوں کے دلوں میں اُتر جاتی ہے، کہا جاسکتا ہے، اگر امجد کی جگہ اسی کردار کے لیے کسی اور فن کار کو لیا جاتا تو شعلے کو اتنی کامیابی نہیں ملتی۔ امجد گبّر سنگھ کے لیے بنے تھے اور گبّر امجد کے لیے۔ امجد سے جب بھی ان کی اس کامیابی کے بارے میں پوچھا گیا تو وہ آغا حشر کا وہ شعر سناتے تھے، جو محبوب خاں کے بینر پر ہمیشہ استعمال ہوتا تھا:

مُدّعی لاکھ بُرا چاہے تو کیا ہوتا ہے
وہی ہوتا ہے جو منظورِ خدا ہوتا ہے

امجد کے لیے یہ کامیابی خدا کی ذات پر ان کے یقین کی دین تھی، ان کا یہ یقین جمعہ کی ہفت واری نماز تک ہی محدود تھا۔ اس عقیدے پر وہ کسی قسم کی تنقید برداشت نہیں کرتے تھے، ایک بار کامریڈ اے۔ کے۔ ہنگل جو مذہب کو افیم کا نشہ اور خدا کو غریبوں کا استحصال کرنے کا سرمایہ داروں کا ایک ہتھیار مانتے تھے، امجد کے عقیدے سے انکار کر رہے تھے، تھوڑی دیر تو وہ خاموش رہے مگر جب ہنگل صاحب کی دلیلیں حد سے آگے بڑھنے لگیں تو وہ فلم 'دادا' کے نرم دل ہیرو سے گبّر سنگھ بن گئے اور اس تبدیلی سے بنے بنائے سیٹ پر کئی گھنٹہ شوٹنگ رکی رہی۔ شوٹنگ رکنے سے فلم ساز کا نقصان ہو رہا تھا اور پٹھان اپنے خدا کی شان کے ساتھ، الگ ایک کونے میں پوری آن بان سے چائے پی رہا تھا، جب امجد کا غصہ کم ہونے میں نہیں آیا تو فلم ساز کے کہنے پر خود اے۔ کے۔ ہنگل اُٹھ کر امجد کے سامنے گئے اور اس کی ناراضگی کو بہلانے کے لیے ایک مشہور شعر سنانے لگے۔

فانوس بن کے جس کی حفاظت ہوا کرے
وہ شمع کیا بجھے جسے روشن خدا کرے

اس شعر کو سنتے ہی امجد کا غصہ مسکراہٹ میں بدلنے لگا اور وہ ہنگل صاحب سے

کہنے لگے۔۔۔ بزرگوار! خدا تھا، ہے اور رہے گا۔ ہم آپ آتے رہیں گے، جاتے رہیں گے، آیئے شوٹنگ کریں۔

اٹلی میں ایک دیوتا 'جینس' نام سے ہے، اس کا مندر روم میں ہے، اسی دیوتا کے دو چہرے ہیں، ایک چہرے سے وہ روتا ہوا دکھائی دیتا ہے۔ دوسرے چہرے سے وہ ہنستا ہوا نظر آتا ہے۔ میں نے ایک گیت کا مکھڑا اسی دیوتا سے تحریک پا کر لکھا تھا، اسے جگجیت سنگھ نے گایا ہے۔

جیون کیا ہے، چلتا پھرتا ایک کھلونا ہے
دو آنکھوں میں ایک سے ہنسنا ایک سے رونا ہے

امجد کی زندگی میں بھی آنسو اور مُسکان کی برابر کی حصہ داری رہی، اُنہیں جتنی خوشی ملی تھی، اس سے کم غم نہیں ملے۔ لیکن ہر حالت میں ان کے مزاج اور جینے کے انداز میں کوئی تبدیلی نہیں آئی۔ جب وہ کامیابی کی بلندی پر تھے، ممبئی کے ایک پکنک اسپاٹ کھنڈالہ کے راستے میں ایک ایسے زبردست حادثے کا شکار ہوئے جس نے لمبے عرصہ تک انہیں بستر سے نہیں اٹھنے دیا، اس حادثے میں اُن کے بدن کی کئی چھوٹی بڑی ہڈیاں ٹوٹ گئی تھیں، جو بعد میں درست ہونے کے باوجود زندگی بھر ان کو ستاتی رہیں اور وہ مسلسل پین کلر گولیوں سے بدن میں گھڑی گھڑی اٹھتے درد کو بہلاتے رہے، ان گولیوں کی وجہ سے ان کا جسم دن بہ دن بے ڈول ہوتا گیا۔ جسم میں پڑی سلاخیں کسرت کرنے سے روکتی تھیں، بڑھتے ہوئے موٹاپے کو فلمی کردار ٹوکتے تھے۔

امجد اپنی اس ٹریجڈی کو اپنی کسی خطا پر خدا کی سزا مانتے تھے، خدا کو خوش کرنے کے لیے انہوں نے انسانوں کو خوش کرنے کا راستہ اپنایا، ایک بینک میں بڑا سا فنڈ انہوں نے ضرورت مندوں کی مدد کے لیے رکھا تھا، انڈسٹری کا کوئی بھی شخص ضرورت کے وقت ان کا دروازہ کھٹکھٹا سکتا تھا اور ضرورت کے وقت وہاں سے مدد پا سکتا تھا، کھنڈالہ کی ٹریجڈی نے انہیں پہلے جیسا تو نہیں رکھا، اس کے باوجود وہ اپنی فلمیں بھی بناتے رہے، دوسروں

کی فلموں میں الگ الگ کردار بھی نبھاتے رہے، اور محوبہ بیوی کے شوہر اور تین بچوں کے باپ ہوتے ہوئے ایک زوردار عشق بھی فرماتے رہے، بیٹھے بیٹھے ان کی اچانک موت پر دوسرے رونے والوں میں، گنتی میں سب سے زیادہ آنسو مشہور ڈانسر ایکٹر کلپنا ایّر کے تھے، امجد نے اپنی فلمی زندگی کا سفر اسٹیج سے شروع کیا تھا، فلموں میں آنے کے بعد بھی ان کا یہ شوق جاری تھا۔

ایک بار مغربی جوہو میں واقع پرتھوی تھیٹر میں وہ ایک ڈرامے کے سلسلے میں آئے تھے، امجد جتنے وقت جاگتے تھے، یا تو سگریٹ پیتے تھے یا چائے کے ساتھ نظر آتے تھے۔ دو بجے کے بعد کینٹین میں دودھ ختم ہو گیا اور انہیں چائے نہیں ملی تو انہیں غصہ آ گیا۔ انہوں نے جوگیشوری سے کرایے پر دو بھینس منگوا کر پرتھوی کی مین انٹری پر بندھوا دیا۔ ان بھینسوں کے ساتھ دودھ دہونے والا بھی تھا، بھینسوں نے دودھ کم دیا، تھیٹر زیادہ گندہ کیا۔ اس گندگی کو لے کر تھیٹر اسٹاف نے ششی کپور کو فون کیا۔ ششی کپور بھاگے بھاگے آئے اور مسکراتے ہوئے امجد سے بولے۔ 'بھائی! ہمارے بزرگ بھی پشاور سے آئے تھے، لیکن بمبئی نے ہماری پٹھانی کو ختم کر دیا، تم بھی دو نسلوں سے بمبئی میں بسے ہوئے ہو، اب تم بھی پٹھان سے انسان بن جاؤ'۔

ششی امجد کے دوست تھے، ان کے کہنے کے انداز پر انہیں بھی ہنسی آ گئی، اور بھینسیں جہاں سے آئی تھیں وہیں چلی گئیں۔ امجد کی موت قدرت کے ایک معجزہ کی موت ہے، جو کبھی کبھی ہوتا ہے، اور آنے والوں کے ساتھ چلا جاتا ہے، خدا تھا، ہے اور رہے گا۔ غالب کا شعر ہے

نہ تھا کچھ تو خدا تھا کچھ نہ ہوتا تو خدا ہوتا
ڈبویا مجھ کو ہونے نے نہ ہوتا میں تو کیا ہوتا

✪✪✪

نظر بھر کے دیکھو اصل زندگی کے رنگ

میرا ایک شعر ہے:

بازار، باغ، بلڈنگیں سب شہر تو نہیں
کچھ ایسے ویسے لوگوں سے یارانہ چاہیے

میری زندگی کی جو اچھی بُری پہچان ہے، اور جسے میں نے اپنی شاعری اور نثر بنایا ہے، وہ زندگی کے تعلق سے میرے اسی رویے کی دین ہے، ہمارے ادب کا بڑا حصہ، ہر زبان میں سماج کے ایک چھوٹے سے متوسط طبقے کے آگے پیچھے گھومتا رہا ہے، اسی طبقے کی نئے نئے پہلوؤں سے تصویریں اُتاری گئی ہیں، اس طبقے کی محدود دائرے سے باہر جھانکا بھی گیا ہے تو متوسط طبقے کے نقطہ نظر سے ہی باہر کے منظروں کو دیکھا گیا ہے۔ ایک دلت ناقد کا پریم چند کی کہانی 'کفن' پر یہی الزام تھا، اس کا کہنا تھا کہ 'کفن' کے کردار باپ گھیسو اور بیٹا مادھو میت اٹھانے کے لیے حاصل کی ہوئی رقم سے شراب پی کر اپنے مفلسی کو کیوں بہلاتے ہیں۔ اس سماج کے خلاف اپنے غصہ کو کیوں نہیں ظاہر کرتے۔

پریم چند نے ان کرداروں پر دیا کھائی ہے، بدلتے زمانے کی سچائی نہیں دکھائی ہے۔ مراٹھی کے دلت شاعر نام دیوڈھسال کی ایک نظم کے مصرعے ہیں،

ایشور، سنسار کی دیکھ ریکھ کو تجھے مقرر کیا گیا تھا،
ٹو نے اپنی دمہ داری نہیں نبھائی،
اس لیے تیری سیوائیں ختم کی جاتی ہیں

بمبئی میں میری جدوجہد کے دنوں نے مجھے ایسے کرداروں کے قریب کر دیا تھا، جو کتابوں کی حدوں باہر کی سرحدوں میں سوتے جاگتے ہیں، ان کے آپسی رشتے اور سوچ وچار ایک ہی دنیا میں کسی نئی دنیا کے سفر کے سامان ہوتے ہیں، ایک لطیف میاں تھے، ان کا گھر ماہم میں مخدوم شاہ کی درگاہ کے سامنے والا فٹ پات تھا، اس میں بھائی بھتیجے چاچا چاچی، ماما ممانی، سبھی تھے، ان میں ایک رمبھا بھی تھی، تھوڑی لنگڑی، جو ہر وقت اُنھی کے ساتھ گھومتی نظر آتی تھی، ایک رات اسی فٹ پاتھ کے ایک اکیلے کونے میں رمبھا اُنہیں تیز برسات میں بھیگتی ملی تھی، اس رات اپنی ٹوٹی کمانیوں والا چھاتہ اسے دے کر وہ خود بھی بھیگ لیے تھے، جب سویرا ہوا اور دھوپ کھلی تو سب نے دیکھا ایک جان کے لطیف میاں اب تین جان بن چکے تھے، ایک وہ، دوسرا رمبھا اور تیسرا رمبھا کا پولیو کا شکار پانچ برس کا راجا، بعد میں اسی خاندان میں ایک آدھ کالے، آدھے سفید کتے کا بھی اضافہ ہو گیا تھا، میری ملاقات لطیف میاں سے ایک دوپہر میں اس وقت ہوئی جب وہ رمبھا کو ہلکے ہلکے ہاتھوں سے اور رمبھا بھاری بھاری گالیوں سے اُن کی عزت اُتار رہی تھی، میں نے اُن دونوں کا بیچ بچاؤ کرایا، تو معلوم ہوا اس جھگڑے کا سبب وہ چرس کی پڑیا تھی جو رمبھا نے زمین پر پھینک کر پیروں سے مسل دی تھی۔ پہلی ملاقات کے بعد ہی رمبھا لطیف میاں کی برسوں کی ساتھی چرس کو اپنی سوتن سمجھنے لگی تھی، لطیف میاں مجھ سے کہہ رہے تھے، ''یہ سالی میری ہوتی کون ہے جو مجھے چرس پینے سے روکتی ہے؟'' رمبھا اس کے جواب میں مجھ سے کہہ رہی تھی ''میں کوئی نہیں ہوتی تو اس سے پوچھو،

راجا کو فٹ پاتھ کے اسکول میں ڈالا تو اپنے کو اس کا باپ کیوں بتایا؟ میرے بیٹے کا باپ ہوا تو میرا کون ہوا؟۔۔۔ پوچھو، سالا اللہ کی نماز پڑھتا ہے، اور سوتن کا نشہ کرتا ہے' پھر روتے ہوئے بولی۔۔سچ بولتی ہوں، یہ راجا کے حرامی باپ رامو جیسا نہیں ہے، اچھا آدمی ہے، مگر اس کی چرس مجھے نہیں بھاتی، کھانس کھانس کے مرجائے گا سالا۔۔۔
لطیف میاں کے غصہ بھری آنکھوں میں دھیمی مسکراہٹ لہرائی اور انہوں نے مجھ سے کہا' صاحب جی، تمہارے کہنے سے جھگڑا ختم کیا ہے تو چائے پانی کو تھوڑا دیتے بھی جاؤ' میں نے ان کے ہاتھ میں دس کا نوٹ رکھ دیا، میں اُس زمانے میں باندرہ کے ایک گیسٹ ہاؤس کے ایک پلنگ پر رہتا تھا، لیکن شام کو کھانے کے لیے روز ماہم میں ہی عزیزیہ ہوٹل جاتا تھا، عزیزیہ ہوٹل کے سامنے بہت سے فقیر کئی قطاروں میں بیٹھے رہتے تھے، ان فقیروں کی پہلی قطار میں ہمیشہ لطیف برسوں پرانی سی ٹوپی پہنے اور ہاتھ میں ایک لکڑی لیے بیٹھے نظر آتے تھے، کھاتے پیتے لوگوں میں جب کسی کی مراد پوری ہوتی یا جب ان جیسا ہی کوئی کسی کام میں کامیابی کی تلاش میں ادھر آتا تھا تو کچھ رقم ہوٹل کے کاونٹر پر چھوڑ جاتا تھا، ہوٹل والا اس رقم کے حساب سے پلاسٹک کے کچھ سکے جوگنی میں کبھی پانچ، کبھی دس اور کبھی پندرہ یا بیس ہوتے تھے، لطیف میاں کو تُھما کردیے دیتا تھا، لطیف سکوں کے حساب سے کچھ فقیروں کو الگ کردیتے تھے، ہر سکے میں دو تندوری روٹی اور ایک چمچہ دال ہوتی تھی، اللہ کھاتے پیتے لوگوں کو دن میں کئی کئی بار کسی نہ کسی بہانے ادھر بُلاتا تھا اور اس طرح بھوکوں کو کھانا کھلاتا تھا۔
اس طرح کے بھکاریوں کی قطار شہر میں کئی جگہ لگتی ہیں، ماہم میں درگاہ کے سامنے، ورلی میں سیّد ونایک مندر کے سامنے، سمندر کے بیچ بنے حاجی علی کے مزار کے راستہ میں، کھار ڈانڈا میں پیپل کے نیچے ہنومان مندر کے سامنے، مذہبی مقامات الگ الگ عقیدوں کی علامت ہوتے ہیں، لیکن ان کے ناموں سے بھیک مانگنے والے ایک دھرم کو ہی جانتے ہیں اور اپنے ایشور یا خدا کو دو تندوری اور چمچہ دال کے روپ میں پہچانتے

ہیں۔میرے ایک دوست ساگر بھگت نے ایک فلم بنائی تھی،فلم کا نام تھا' بے پناہ' اس ملٹی اسٹار فلم میں سنگیت خیام کا تھااور گیت میں نے لکھے تھے،ہدایت جگدیش سدھانہ کا تھا،جنہوں نے فلم کے باکس آفس پر ناکام ہونے کے بعد فلم اداکارہ پدما کھنہ سے شادی کرلی تھی۔ دونوں ایک دوسرے کی ضرورت بن گئے تھے، جگدیش سے فلم کی ناکامی کے بعد انڈسٹری منہ موڑ رہی تھی اور پدما جی کا ساتھ عمر چھوڑ رہی تھی، ساگر بھگت کی یہ پہلی فلم تھی، ہر فلم ساز کی طرح وہ بھی اسے کامیاب دیکھنا چاہتے تھے، وہ خود ناستک تھے،لیکن فلم کی ریلیز سے پہلے وہ ہردھرم کی چوکھٹ پر سر جھکا رہے تھے اور فلم کی کامیابی کے لیے چڑھاوے چڑھا رہے تھے، کسی نے انہیں ماہم میں فقیروں کو کھانا کھلانے کی صلاح دی۔ اس صلاح کو مان کرانہوں نے بھنڈی بازار سے مشہور باورچی بلوائے اور اپنی نگرانی میں اصلی گھی میں چکن بریانی کی دیگ پکوائی۔دیگ سے ایسی خوشبو آرہی تھی کہ پیٹ بھرے کو بھی بھوک لگنے لگے۔ پکی ہوئی دیگ کو پروڈکشن وین میں رکھ کر ماہم لایا گیا۔ میں بھی ساگر بھگت کے ساتھ تھا، میں نے اُترتے ہی لطیف میاں سے سنجیدگی سے کہا'لطیف بھائی جتنے بھی فقیر ہیں انہیں ڈھنگ سے بٹھادو۔ وین سے اُترتی دیگ کو دیکھتے ہوئے اس نے پوچھا' ڈھنگ سے تو بعد میں بیٹھیں گے، پہلے یہ بتاؤ کھلانے کو لائے کیا ہو؟'اس کے سوال کے جواب میں فلم ساز نے سر اونچا کرتے ہوئے شان سے کہا' چکن بریانی ہے،اصلی گھی کی۔'چکن اور اصلی گھی کا اس پر کچھ اثر نہیں ہوا۔۔۔اس نے اپنے تیکھے لہجہ میں کہا۔'' بریانی بہت ہو چکی۔اب تو پیٹ میں صرف میٹھے کی گنجائش ہے۔ کچھ میٹھا ویٹھا لائے ہو تو بولو۔۔۔''

میں نے اس کے تیور دیکھے تو غصہ سے کہا۔کیا بکواس کر رہے ہو، دیگ بھر بریانی ہے۔۔۔تم نہیں لوگے تو اس کا کیا ہوگا۔۔۔۔ اس نے دھیمے سے کہا۔وہی ہوتا ہے جو منظورِ خدا ہوتا ہے اور پھر آنکھیں نکال کر بولا' صاحب آپ کی منت کا کھانا ہے اور ہمیں روز یہیں ہاتھ پھیلانا ہے، بیمار ہو کر اسپتال نہیں جانا ہے'۔۔۔

فلم ساز عجب اُلجھن میں تھا، اس نے مجھے پاس بُلا کر لطیف کی اکڑ کو کچھ دے دلا کر نرم کرنے کو کہا۔۔۔ بات میری سمجھ میں آگئی لطیف میاں کو پانچ سو روپے دیے گئے اور اس کے بعد فقیروں کے برتن بریانی کے لیے کھلے ۔۔۔ پتا نہیں ہم نے غریبوں کو دان دیا یا غریبوں نے ہم پہ احسان کیا۔ داغ صاحب کا شعر ہے۔

دل لے کے مفت کہتے ہیں کچھ کام کا نہیں
اُلٹی شکایتیں ہوئیں احسان تو گیا

✪✪✪

ویرانے میں ٹہلتی یادوں کی پرچھائیاں

ساحر لدھیانوی اپنے عہد کے سب سے زیادہ مشہور اور امیر شاعر تھے، ان کے دو مجموعے تھے، ایک کا نام 'تلخیاں' تھا، دوسرے کا نام 'آؤ کہ کوئی خواب بُنیں' تھا۔ ساحر کی شہرت اور دولت سے چلنے والوں کی بھی کمی نہیں تھی، انہیں میں سے کسی ایک شاعر نے ان کے دوسرے مجموعے پر طنز کیا تھا۔

دن رات فلم والوں سے ہوتے ہیں رابطے
آؤ کہ کوئی خواب بُنیں کس کے واسطے؟

ساحر بنیادی طور پر ترقی پسند نظریے کے شاعر تھے، اسی نظریے کی وجہ سے انہیں لدھیانہ کالج سے نکالا گیا، اور انہیں خیالات کی وجہ سے انہوں نے اپنے جاگیردار والد کی وراثت سے بغاوت کی تھی، بعد میں دونوں نے ان کی شہرت میں اپنی حصہ داری قایم کرنے کے لیے ان سے رشتہ داری بھی جوڑی۔ لدھیانہ کالج نے ان کی باغیانہ شاعری کا جشن منایا اور جاگیردار والد نے زندگی میں روٹھے ہوئے بیٹے کو اپنی وصیت میں اپنی ساری جائیداد کا وارث بنایا۔ ساحر نے لدھیانہ کالج کو تو قبول کیا لیکن باپ کی زمین

داری کا حق دار بننے سے انکار کیا۔ ساحر کے مزاج میں جو ٹیڑھ تھی وہ ان کے بچپن کے ماحول کی دین تھی۔

ساحر کے دو مجموعے ''تلخیاں' اور' آؤ کہ کوئی خواب بُنیں' کے بیچ میں ایک اور کتاب بھی شایع ہوئی تھی، اس کا نام انہوں نے 'پرچھائیاں' رکھا تھا، پرچھائیاں اپنے دور کی سب سے مقبول تخلیق تھی۔ ساحر نے جب جوہو کے علاقہ میں کئی بڑے بڑے فلیٹوں کی ایک تین منزلہ بلڈنگ بنوائی تو اس کو اسی کتاب کا نام دیا۔ ساحر کی بلڈنگ 'پرچھائیاں' پانچ ستارہ ہوٹل 'ہالی ڈے ان' کے سامنے آج بھی ویسی ہی کھڑی ہے، لیکن اس کے نام کے حروف، کئی برساتوں کا پانی دھو چکا ہے، اس کے فلیٹوں پر کرایے داروں نے قبضہ کرلیا ہے، ایک کی مالک فلم 'دستک' کی ہیروین ریحانہ سلطان بن گئی ہے۔ دوسرے پریش چوپڑا کے کیمرہ مین بھائی کے خاندان کا حق ہے، اس بلڈنگ کے دو فلور پر، ان میں ایک میں ساحر کی لائبریری اور دوسرے میں ان کی رہائش تھی، اس پر کورٹ کے حکم سے اب تالا لگادیا گیا ہے۔ اس بلڈنگ کے بڑے سے گیرج میں ساحر کی دو کاریں جو کبھی فلم اسٹوڈیو اور میوزک ڈائرکٹروں کے راستوں میں بجی بنی دُلہنوں کی طرح جھمجھماتی تھیں، اب کباڑ میں بدل چکی ہیں، انہیں کے ساتھ ساحر کے سوٹ، مہنگے کپڑوں کی خوب صورت قمیصیں، فلموں کی ٹرافیاں، ان کی کتابوں پر لکھی ہوئی پنجابی، اردو، ہندی اور انگریزی ادیبوں کی کتابیں، اور وہ ڈھیر ساری چھوٹی بڑی تصویریں بھی ہیں جن میں وہ کہیں سابق وزیراعظم گجرال کے ساتھ ہیں، کسی میں امرتا پریتم کو دیکھتے ہوئے مسکرا رہے ہیں، کسی میں خواجہ احمد عباس کو گلے لگا رہے ہیں، کسی میں اندرا گاندھی سے ہاتھ ملا رہے ہیں، کسی میں جاں نثار اختر کی سوئی ہوئی آنکھوں میں نیند کو جگا رہے ہیں۔ کسی میں گلوکارہ سدھا ملہوترا کے ساتھ جگمگا رہے ہیں۔ وہ سب دھول سے دھندلا چکی ہیں اور جنہیں جگہ جگہ سے دیمک کھا چکی ہے۔

ساحر کی عمارت 'پرچھائیاں' بمبئی کے ادب کی تاریخ کا بڑا کردار رہا ہے، اس کے

ساتھ کئی ادبی واقعات جڑے ہوئے ہیں، اس میں ہر مہینے دوایک بار جشن ہوتا تھا، چاروں طرف روشنیاں جگمگاتی تھیں، ادب، سیاست اور فلم کی بڑی بڑی ہستیاں آتی جاتی تھیں۔ ان محفلوں کا انتظام ساحر کے کہانی کار دوست پرکاش پنڈت کے ذمہ تھا۔ پرکاش، ساحر کے جدوجہد کے دنوں کے دوست تھے، ساحر کے پیر جب انڈسٹری میں جم گئے تو انہوں نے پرکاش پنڈت کو بمبئی بلالیا تھا۔ ساحر نے انہیں بلایا تھا فلموں میں مکالمہ یا منظر نامہ لکھنے کے لیے، لیکن پرکاش پنڈت کامیاب نہ ہوسکے، ایک لمبا عرصہ 'پرچھائیاں' میں گزار کر وہ واپس دہلی لوٹ گئے۔ وہ ساحر سے لڑتے بھی تھے اور دوسروں سے ساحر کے لیے جھگڑتے بھی تھے۔ ان کی بیماری میں ساحر نے فلموں سے کمائے ہوئے دھن کو جیسے لٹایا، وہ ادب کی دنیا میں دوستی کا آدرش نمونہ تھا۔

پرچھائیاں کی ایسی ہی ایک محفل میں ساحر کی پہلی ملاقات مشہور گلوکارہ 'سُدھا ملہوترا' سے ہوئی۔ سُدھا اس زمانے میں نئی تھیں اور ساحر کے گیت شہرت کی بلندیوں کو چھو رہے تھے۔ قسمت ان کے ساتھ تھی۔ وہ جس فلم میں لکھتے تھے، وہ باکس آفس پر کامیاب ہورہی تھی۔ نیا دَور، پیاسا اور کبھی کبھی جیسی کئی فلموں میں ان کی گیت کاری نے نیا ٹرینڈ سیٹ کیا تھا۔ انہیں کے گیتوں نے لمبی گمنامی کے بعد خیام کو نام دیا تھا۔ او۔ پی نیّر کو کام دیا تھا اور جے دیو کو مقام دیا تھا۔ ان باتوں میں کتنی سچائی تھی یہ تو نہیں معلوم لیکن ساحر یوں ہی سوچتے تھے۔ گیت کار ساحر کے ساتھ وہ زمانہ نوشاد کے سنگیت کا بھی تھا، فلم والے ہمیشہ کام سے زیادہ نام کے پیچھے بھاگتے ہیں۔ نام ہی سے یہاں کلاکار کے دام طے ہوتے ہیں۔ ایک فلم ساز اپنی فلم میں نوشاد کے ساتھ ساحر کو لینا چاہتے تھے، ساحر نے کہانی سُنی، پسند کی۔ معاوضہ جو ساحر نے مانگا فلم ساز نے قبول کیا۔ لیکن بات وہاں بنتے بنتے بگڑ گئی جب اُنہیں معلوم ہوا کہ نوشاد کو اُن سے زیادہ رقم دی جارہی ہے۔ انہوں نے پروڈیوسر کے ایڈوانس کا لفافہ یہ کہہ کر واپس کردیا کہ میں موسیقی کو لفظ سے بڑا نہیں مانتا، میں آپ کی فلم میں اس صورت میں کام کرسکتا ہوں جب مجھے

آپ کے سنگیت کار سے ایک روپیہ زیادہ دیا جائے، فلم ساز کے بجٹ میں ساحر کی شرط نہیں بیٹھ سکی اور ساحر نے وہ فلم نہیں کی۔ یہ رویّہ ان کا خیّام کے ساتھ بھی رہا، کبھی کبھی کے لیے یش چوپڑا نے پہلے ساحر کے ساتھ لکشمی کانت پیارے لال کا دروازہ کھٹکھٹایا تھا، لیکن جب لکشمی کانت نے ساحر کے دیے ہوئے مکھڑے 'کبھی کبھی مرے دل میں خیال آتا ہے' کو ایک دوبار پڑھ کر اُن سے اس کے چھند کی تال کے بارے میں پوچھا تو ساحر کے ماتھے پر بَل پڑ گئے۔ وہاں تو انہوں نے کچھ نہیں کہا لیکن اسی دن کی شام خیّام کو پرچھائیاں میں بُلا کر کبھی کبھی کے لیے سائن کروا دیا۔ اس فلم کی کامیابی نے خیّام کی سنگیت کی قیمت بڑھا دی۔ یہی معاملہ ان دونوں کے تنازعہ کا سبب بنا۔ اس تنازعہ کی وجہ سے یش چوپڑا کی کوشش کے باوجود فلم 'سلسلہ' میں دونوں کا مِلن نہیں ہو سکا۔ یش چوپڑا کی یہ پہلی فلم تھی جس میں ساحر کی بجائے دوسرے گیت کاروں سے گیت لکھوائے گئے تھے۔

پہلے آکاش وانی سے جب فلموں کے گیت نشر کیے جاتے تھے تو صرف سنگیت کار اور فلم کا نام لیا جاتا تھا، پرچھائیاں میں ہی ساحر نے فلم رائٹرس کی میٹنگ بلا کر آکاش وانی کو مجبور کیا کہ وہ سنگیت کار کے ساتھ گیت کار کا نام بھی گیتوں کی نشریات میں شامل کریں۔ ساحر نے گیت ہی نہیں لکھے، گیت کار کو بھی معمولی منشی کی سطح سے اُٹھا کر فلموں کا ضروری جُز بنا دیا۔

ساحر کو سماج کی ہر ناانصافی میں اپنے اس باپ کا چہرہ نظر آتا تھا، جس سے ڈر کر ان کی ماں انہیں لدھیانہ سے الٰہ آباد لے آئی تھی، ان کی مشہور نظم 'تاج محل' باپ کے اسی علامتی رویّے کے خلاف ان کا شاعرانہ کمنٹ تھا۔ ان کے مصرعے ہماری بول چال کا محاورہ بن چکے ہیں۔

اک شہنشاہ نے دولت کا سہارا لے کر
ہم غریبوں کی محبت کا اُڑایا ہے مذاق

مرے محبوب کہیں اور ملا کر مجھ سے

'پرچھائیاں' میں ہی سدھا ملہوترا اور ان کا گانا انہیں اچھا لگا تھا، اس سے وہ اتنا متاثر ہوئے کہ انہوں نے 'پرچھائیاں' کی اور تصویروں کے ساتھ، اپنے ساتھ سُدھا جی کی لی ہوئی تصویر کے لیے بھی جگہ نکال لی۔ جو ساحر کے انتقال کے بعد، تھوڑے وقفہ کے بعد 'پرچھائیاں' کو ہمیشہ کے لیے چھوڑ گئی۔ اب جب بھی پرچھائیاں کی سڑک سے میں گزرتا ہوں تو ساحر کی اس نظم کے وہ مصرعے جو انہوں نے امرتا پریتم کو منسوب کیے تھے، گونجنے لگتے ہیں۔۔

تُو بھی کچھ پریشاں ہے
تُو بھی سوچتی ہوگی
تیرے نام کی شہرت تیرے کام کیا آئی
میں بھی کچھ پریشاں ہوں
میں بھی غور کرتا ہوں
میرے کام کی عظمت میرے کام کیا آئی

اپنی یادداشت رسیدی ٹکٹ میں امرتا جی نے اپنے بیٹے کے ایک سوال کا جواب دیتے ہوئے لکھا ہے۔ نہیں بیٹے تم اپنے ہی باپ کی یادگار ہو۔ تمہاری شباہت ساحر سے شاید اس لیے ملتی ہے کہ جب تم میرے پیٹ میں تھے، ان دنوں ساحر میرے ذہن میں بستے تھے۔

✪✪✪

جانے والوں کا انتظار نہیں کرتیں بستیاں

ملک آزاد ہوئے اب ۶۰ سال ہو چکے ہیں، لیکن تقسیم کا زخم آج تک نہیں بھرا، بنی ہوئی سرحدوں نے انسانوں کو بھیڑ بکریوں کی طرح اِدھر اُدھر ہانکنے میں تو کامیابی حاصل کر لی مگر چھوٹی ہوئی زمینوں سے بچھڑے لوگوں کے رشتے آج بھی زخموں کی طرح کسک رہے ہیں۔ افسانہ نگار سریندر پرکاش اپنے بچپن کے راولپنڈی کو ۲۰۰۴ء میں اپنی رحلت تک اپنے سے الگ نہیں کر پائے۔ مرنے سے پہلے جب اُس پر بے ہوشی طاری تھی تو شاید اس کے بچپن کا روالپنڈی اور سَید پُل کے نیچے بنی اس کے باپ کی سوڈا واٹر کی دکان اس سے ملنے بمبئی میں کالینہ کے چھوٹے سے گھر میں آئی تھی۔ اُس وقت وہ کیا بول رہا تھا یہ تو سمجھ میں نہیں آ رہا تھا لیکن تھوڑا قریب سے سننے پر لگ رہا تھا وہ پنے راولپنڈی اور اپنے باپ کی دکان کو دیکھ کر مسکرا رہا تھا اور ان سے بات بھی کر رہا تھا۔

بے نام سا یہ درد ٹھہر کیوں نہیں جاتا
جو بیت گیا ہے وہ گزر کیوں نہیں جاتا

مشہور صحافی کلدیپ نیر آج بھی لاہور میں اپنے اسکول گراونڈ اور اس میں گھومتے

ہوئے بڑی مونچھوں والے ماسٹر دینا ناتھ اور چگی داڑھی والے مولوی اسمٰعیل کو یاد کر کے رنجیدہ ہو جاتے ہیں، وہ اپنے گھر کے سامنے والے مندر کے قریب کھڑے پیپل کی یادوں کو بہلانے کے لیے، ہر سال ۱۴ راگست کو اپنے دوستوں کے ساتھ واگھ کی سرحد پر موم بتیاں جلاتے ہیں اور ہند پاک دوستی کے نعرے لگاتے ہیں۔

سندھی شاعر کرشن راہی نے اس تقسیم کے ہاتھوں دوسروں سے کچھ زیادہ ہی کھویا ہے، اس کی غزل کا ایک شعر ہے

اپنے ہی دیش میں نہ تھا رہنے کا سکھ نصیب
سندھی تو اپنے دیش میں بھی در بدر رہا

(ترجمہ مایا راہی)

دوسرے جب ادھر سے اُدھر ہوئے تو لاکھ اُجڑنے کے باوجود ان کے ساتھ ان کی زبان بھی تھی اور تہذیب بھی۔ لیکن کرشن راہی جب وہاں سے چلا تو راستے میں اس کی زبان لوٹ لی گئی اور تہذیب ماردی گئی۔ آج وہ ہر جگہ نظر آتا ہے لیکن اسکے منہ میں اس کی زبان نہیں ہے۔ اس کے بچوں کو بچل سرمست جھولے، لال اور شیخ ایاز کے نام یاد نہیں ہیں۔ کھار میں جس بلڈنگ 'امرا اپارٹمنٹ' میں میرا فلیٹ ہے۔ اس میں زیادہ سندھی ہیں۔ ایک بار راج کوٹ میں کسی سندھی درسی کتاب میں میری ایک نظم شامل کی گئی، اس کا کنٹریکٹ لیٹر میرے پاس سندھی میں آیا تھا جسے پڑھوانے کے لیے میں نے ہر فلیٹ کا دروازہ کھٹکھٹایا لیکن کسی کو سندھی لپی پڑھنے کے لائق نہیں پایا۔

جن دنوں میری ماں کراچی میں موت سے آخری لڑائی لڑ رہی تھی، بمبئی میں میں صبح کے ناشتے اور رات کے کھانے کی دوستی کرانے کی جدوجہد میں اُلجھا تھا، میں نے اُن سے دودھ بخشوانے کے لیے پاسپورٹ کی درخواست دی، لیکن مرتی ہوئی ماں اور اس سے دودھ بخشوانے کی خواہش رکھنے والے بیٹے کے درمیان ہند پاک جنگ پاؤں پسار کر بیٹھ گئی اور ریل میں جہاز سے بمبئی سے کراچی تک کی ڈیڑھ گھنٹہ کی دوری، دو مہینے کی

کوشش کے بعد بھی نہیں پاٹ پایا۔ اب وہ کراچی کے ایک قبرستان میں میرے دودھ کے قرض کے ساتھ ایک قبر بن چکی ہیں۔ ان دنوں کی میری ایک نظم ہے:

کراچی ایک ماں ہے
بمبئی بچھڑا ہوا بیٹا
یہ رشتہ پیار کا، پاکیزہ رشتہ ہے
جسے اب تک
نہ کوئی توڑ پایا ہے، نہ کوئی توڑ پائے گا
غلط ہے ریڈیو، جھوٹی ہیں سب اخبار کی خبریں
نہ میری ماں کبھی تلوار تانے رن میں آئی ہے
نہ میں نے اپنی ماں کے سامنے بندوق اُٹھائی ہے
یہ کیسا شور و ہنگامہ ہے، یہ کس کی لڑائی ہے

بعد میں کراچی کے ایک مشاعرے میں مجھے بلایا گیا تھا، جب شعر سنا کر میں اسٹیج سے نیچے اُترا تو دیکھا ایک فقیر کھڑا ہاتھ پھیلا رہا تھا، مجھ سے جو کچھ بنا وہ میں نے اسے دے دیا، لیکن جب دوسری فلائٹ سے میں واپس بمبئی پہنچا تو ایر پورٹ کے سامنے وہی فقیر بھیک کے لیے ہاتھ پھیلا رہا تھا، فرق صرف اتنا تھا، کراچی میں جب وہ ملا تو اس نے اپنا نام رحمان بتایا تھا، اور بمبئی میں رام نام سے تعارف کرایا، میں نے اس وقت سوچا جب رحمان اور رام دونوں کی قسمت میں بھیک مانگنا تھا تو بیچ میں سرحد کھینچ کر مجھے الگ الگ کیوں پریشان کر دیا گیا۔ میں نے پاکستان سے لوٹ کر ایک غزل کہی تھی

انسان میں حیوان یہاں بھی ہے وہاں بھی
اللہ نگہبان یہاں بھی ہے وہاں بھی
خوں خوار درندوں کے فقط نام الگ ہیں
شہروں میں بیابان یہاں بھی ہے وہاں بھی

رحمان کی قدرت ہو کہ بھگوان کی مورت
ہر کھیل کا میدان یہاں بھی ہے وہاں بھی
اُٹھتا ہے دل و جاں سے دھواں دونوں طرف ہی
یہ میر کا دیوان یہاں بھی ہے وہاں

میر کا مشہور شعر ہے۔

دیکھ کہ دل کہ جاں سے اٹھتا ہے
یہ دھواں سا کہاں سے اٹھتا ہے

میر کا غم آج بھی دونوں بلکہ برِ صغیر کے تینوں حصوں میں غیر منقسم ہے۔

✪✪✪

اب کہاں دوسروں کے غموں پر اُداس ہونے والے

بائبل کے سالومن جنہیں قرآن میں سلیمان کہا گیا ہے، عیسیٰ سے ۱۰۲۵ برس پہلے ایک بادشاہ تھے، کہا جاتا ہے وہ صرف انسانوں کے ہی بادشاہ نہیں تھے، سارے چھوٹے بڑے جانوروں پرندوں کے بھی حاکم تھے، وہ ان سب کی زبان بھی جانتے تھے، ایک دفعہ سلیمان اپنے لشکر کے ساتھ ایک راستے سے گزر رہے تھے، راستے میں کچھ چیونٹیوں نے گھوڑوں کے ٹاپوں کی آواز سنی، تو ڈر کر ایک دوسرے سے کہا۔ اَب جلدی سے اپنی اپنی بلوں میں چلو، فوج آرہی ہے، سلیمان ان کی باتیں سن کر تھوڑی دور پر رُک گئے اور چیونٹیوں سے بولے 'گھبراؤ نہیں سلیمان کو خدا نے سب کا رکھوالا بنایا ہے، میں کسی کے لے مصیبت نہیں ہوں، سب کے لیے محبت ہوں، چیونٹیوں نے ان کے لیے خدا سے دعا کی اور سلیمان اپنی منزل کی طرف بڑھ گئے۔

ایسے ہی ایک واقعہ کا ذکر سندھی کے عظیم شاعر شیخ ایاز نے اپنی خودنوشت سوانح میں کیا ہے، انہوں نے لکھا ہے۔ ایک دن ان کے والد کنویں سے نہا کر لوٹے، ماں نے کھانا لگایا، انہوں نے جیسے ہی روٹی کا لقمہ بنایا، ان کی نظر اپنے بازو پر پڑی، وہاں ایک

کالا چیونٹا رینگ رہا تھا، وہ کھانا چھوڑ کر اُٹھ کھڑے ہوئے۔ ماں نے پوچھا کیا بات ہے؟ کھانا اچھا نہیں لگا؟ شیخ ایاز کے والد بولے نہیں یہ بات نہیں ہے، میں نے ایک گھر والے کو بے گھر کر دیا ہے، اس بے گھر کو، کنویں کے پاس اس کے گھر چھوڑنے جا رہا ہوں۔

بائبل اور دوسرے مقدس صحیفوں میں نوح نام کے ایک پیغمبر کا ذکر ملتا ہے۔ان کا اصلی نام لشکر تھا، لیکن عرب نے ان کو نوح کے لقب سے یاد کیا ہے، وہ اس لیے کہ آپ ساری عمر روتے رہے، اس کی وجہ ایک زخمی کُتا تھا، نوح کے سامنے سے ایک بار ایک گھائل کُتا گزرا، نوح نے اسے دھتکارتے ہوئے کہا'' دور ہو جا گندے کُتے'' اسلام میں کُتوں کو نجس سمجھا جاتا ہے، کُتے نے ان کی دھتکار سن کر جواب دیا۔۔۔ نہ میں اپنی مرضی سے کُتا ہوں نہ تم اپنی پسند سے انسان ہو، بنانے والا سب کا تو وہی ایک ہے۔

مٹی سے مٹی ملے کھو کے سبھی نشان
کس میں کتنا کون ہے، کیسے ہو پہچان

نوح نے جب اس کی بات سنی تو اس غم سے ساری مُدّت روتے رہے۔ مہابھارت میں یدھشٹر کا جو آخر تک ساتھ نبھاتا نظر آتا ہے وہ علامتی طور پر ایک کُتا ہی تھا۔ سب ساتھ چھوڑتے گئے، تو وہی ان کی تنہائی کا سہارا تھا۔

دنیا کیسے وجود میں آئی؟ پہلے کیا تھا؟ کس لفظ سے اس کا سفر شروع ہوا؟ ان سوالوں کا سائنس اپنی طرح سے جواب دیتی ہے۔ مذہبی صحیفے اپنی طرح سے، دنیا کی تخلیق بھلے کسی طرح ہوئی ہو، لیکن زمین کسی ایک کی نہیں ہے، پرندے، انسان، جانور، ندی، پہاڑ، سمندر وغیرہ کی اس میں برابر کی حصّہ داری ہے۔ یہ اور بات ہے کہ اس حصّہ داری میں انسان نے اپنی عقل وفہم سے بڑی بڑی دیواریں کھڑی کر دی ہیں۔ پہلے پوری دنیا ایک خاندان کی طرح تھی، اب ٹکڑوں میں بٹ کر ایک دوسرے سے دور ہو چکی ہے۔ پہلے بڑے بڑے دالانوں، آنگنوں میں سب مل جُل کر رہتے تھے۔ اب چھوٹے

چھوٹے ڈبوں جیسے گھروں میں زندگی سمٹنے لگی ہے۔ بڑھتی ہوئی آبادیوں نے سمندر کو پیچھے سرکانا شروع کردیا ہے، پیڑوں کو راستے سے ہٹانا شروع کردیا ہے، پھیلتی ہوئی آلودگی نے پرندوں کو بستیوں سے بھگانا شروع کردیا ہے، بارودوں کی تباہ کاریوں نے ماحول کو ستانا شروع کردیا ہے۔اب گرمی میں زیادہ گرمی، بے وقت کی برساتیں، زلزلے، سیلاب، طوفان اور نئے نئے روگ نے انساں اور قدرت کے اس غیر متوازن ہونے کا نتیجہ ہے، نیچر کے برداشت کی ایک حد ہوتی ہے، نیچر کے غصہ کا ایک نمونہ کئی سال پہلے بمبئی میں دیکھنے کو ملا تھا، اور یہ نمونہ اتنا ڈراؤنا تھا کہ بمبئی کے باشندے ڈر کر اپنی عبادت گاہوں میں اپنے خداؤں سے دعا کرنے لگے تھے۔

کئی سال سے بڑے بڑے بلڈر سمندر کو پیچھے دھکیل کر اس کی زمین کو ہتھیا رہے تھے، بے چارہ سمندر لگاتار سمٹتا جا رہا تھا، پہلے اُس نے اپنی پھیلی ہوئی ٹانگیں سمیٹیں، تھوڑا سا سمٹ کر بیٹھ گیا۔ پھر جگہ کم پڑی تو اُکڑوں بیٹھ گیا، پھر کھڑا ہو گیا۔۔۔ جب کھڑے رہنے کی بھی جگہ کم پڑی تو اُسے غصہ آگیا جو جتنا بڑا ہوتا ہے، اُسے اتنا ہی کم غصہ آتا ہے، لیکن جب آتا ہے تو روکنا مشکل ہو جاتا ہے، اور یہی ہوا۔ اس نے ایک رات اپنی لہروں پر دوڑتے ہوئے تین جہازوں کو اُٹھا کر بچوں کی گیند کی طرح تین طرف پھینک دیا۔ایک ورلی کے سمندر کے کنارے پر آکر گرا، دوسرا باندرہ کے کارٹر روڈ کے سامنے اوندھا منھ اور تیسرا گیٹ وے آف انڈیا پر ٹوٹ پھوٹ کر سیلانیوں کا نظارا بنا۔ باوجود کوشش، وہ پھر سے چلنے پھرنے کے قابل نہیں ہو سکے۔انہیں کباڑیوں کے حوالے کرنا پڑا۔

میری ماں کہتی تھی، سورج ڈھلے آنگن کے پیڑوں سے پتے مت توڑو، پیڑ روئیں گے۔ دیا بتی کے وقت پھولوں کو مت توڑو، پھول بددعا دیتے ہیں۔ گلہری کو کنکر مت مارو اس کی پیٹھ پر حضرت فاطمہ کی پانچوں انگلیوں کے نشان ہیں۔ دریا پر جاؤ تو اسے سلام کیا کرو۔ وہ خوش ہوتا ہے۔ کبوتروں کو مت ستایا کرو، وہ حضرت محمدؐ کو عزیز ہیں۔

انہوں نے انہیں مزار کے نیلے گنبد پر گھونسلے بنانے کی اجازت دے رکھی ہے، مرغے کو پریشان مت کرو وہ موذن سے پہلے محلّے میں اذان دے کر سویرے جگاتا ہے۔۔

سب کی پوجا ایک سی الگ الگ ہر ریت
مسجد جائے مولوی، کوئل گائے گیت

گوالیار میں ہمارا ایک مکان تھا اُس مکان کے دالان میں دو روشن دان تھے، اس میں کبوتر کے ایک جوڑے نے گھونسلا بنالیا تھا۔ ایک بار بلّی نے اُچک کر دو میں سے ایک انڈا توڑ دیا۔ میری ماں نے دیکھا تو اُسے دکھ ہوا، اس نے اسٹول پر چڑھ کر دوسرے انڈے کو بچانے کی کوشش کی لیکن اس کوشش میں دوسرا انڈا اس کے ہاتھ سے گر کر ٹوٹ گیا۔ کبوتر پریشانی میں اِدھر اُدھر پھڑ پھڑا رہے تھے۔ ان کی آنکھوں میں دُکھ دیکھ کر میری ماں کی آنکھوں میں آنسو آ گئے۔ اس گناہ کو خدا سے معاف کرانے کے لیے اُس نے پورے دن روزہ رکھا، دن بھر کچھ کھایا پیا نہیں، صرف روتی رہی اور بار بار نماز پڑھ پڑھ کر خدا سے اس غلطی کو معاف کرنے کی دعا مانگتی رہی۔

گوالیار سے بمبئی کی دوری نے دنیا کو کافی کچھ بدل دیا ہے، ورسوا میں جہاں آج میرا گھر ہے، پہلے یہاں دور تک جنگل تھا، پیڑ تھے، پرندے تھے اور دوسرے جانور تھے۔ یہاں اب سمندر کے کنارے لمبی چوڑی بستی بن گئی ہے۔ اس بستی نے نہ جانے کتنے پرندوں چرندوں سے ان کا گھر چھین لیا ہے۔ ان میں سے کچھ شہر چھوڑ کر چلے گئے ہیں، جو نہیں جا سکے ہیں انہوں نے یہاں وہاں ڈیرا ڈال لیا ہے۔ ان میں سے دو کبوتروں نے میرے فلیٹ کے ایک مچان میں گھونسلہ بنالیا ہے۔ بچے ابھی چھوٹے ہیں، ان کے کھلانے پلانے کی ذمہ داری ابھی بڑے کبوتروں کی ہے، وہ دن میں کئی کئی بار آتے جاتے ہیں اور کیوں نہ آئیں جائیں آخر ان کا بھی گھر ہے، لیکن ان کے آنے جانے سے ہمیں پریشانی بھی ہوتی ہے، وہ کبھی کسی چیز کو گرا کر توڑ دیتے ہیں، کبھی میری لائبریری میں گھس کر کبیر یا مرزا غالب کو ستانے لگتے ہیں۔ اس روز روز کی پریشانی سے

تنگ آ کر میری بیوی نے اس جگہ جہاں ان کا آشیانہ تھا،ایک جالی لگادی ہے۔ان کے بچوں کو دوسری جگہ کردیا ہے۔ ان کے آنے کی کھڑکی کو بھی بند کیا جانے لگا ہے۔کھڑکی کے باہراب دونوں کبوتر رات بھر خاموش اور اداس بیٹھے رہتے ہیں۔مگر اب نہ سالومن ہیں جو ان کی زبان کو سمجھ کر ان کا دُکھ بانٹیں،نہ میری ماں ہے، جو ان کے دکھوں میں ساری نمازوں میں کاٹے۔

ندیا سینچے کھیت کو، توتا کترے آم
سورج ٹھیکے دار سا سب کو بانٹے کام

✪✪✪

منتخب یادگار خاکوں کا ایک اور مجموعہ

یادوں کی پرچھائیاں

مصنف : ندا فاضلی

بین الاقوامی ایڈیشن جلد منظر عام پر آرہا ہے